Jörg Krämer

Delaunay-Triangulierungen in zwei und drei Dimer

I0014007

Bibliografische Information der Deutschen Nationalbibliothek:

Bibliografische Information der Deutschen Nationalbibliothek: Die Deutsche Bibliothek verzeichnet diese Publikation in der Deutschen Nationalbibliografie; detaillierte bibliografische Daten sind im Internet über http://dnb.d-nb.de/ abrufbar.

Copyright © 1995 Diplom.de
Druck und Bindung: Books on Demand GmbH, Norderstedt Germany
ISBN: 9783838666464

https://www.diplom.de/document/222033

Jörg Krämer

Delaunay-Triangulierungen in zwei und drei Dimensionen

Diplom.de

Jörg Krämer

Delaunay-Triangulierungen in zwei und drei Dimensionen

Diplomarbeit
an der Eberhard-Karls-Universität Tübingen
Fachbereich Informatik 17
Wilhelm-Schickard-Institut Graphische Systeme (WSI-GRIS)
November 1995 Abgabe

Diplom.de

Diplomica GmbH
Hermannstal 119k
22119 Hamburg

Fon: 040 / 655 99 20
Fax: 040 / 655 99 222

agentur@diplom.de
www.diplom.de

ID 6646

ID 6646
Krämer, Jörg: Delaunay-Triangulierungen in zwei und drei Dimensionen
Hamburg: Diplomica GmbH, 2003
Zugl.: Tübingen, Universität, Diplomarbeit, 1995

Diplomica GmbH
http://www.diplom.de, Hamburg 2003
Printed in Germany

Inhaltsverzeichnis

2

Einleitung

Das Voronoi-Diagramm und sein Dual, die Delaunay-Triangulierung, haben in vielen Gebieten der Naturwissenschaft und der Technik Anwendung gefunden, wie z.B. in der Kristallographie, in der Geographie und in der Metallurgie. Nachdem am Anfang dieses Jahrhunderts der russische Mathematiker Georges Voronoi [Vor07], [Vor08] Veröffentlichungen über die nach ihm benannte Struktur schrieb, verwendete in den 30er Jahren der Kristallograph Delaunay [Del32], [Del34] diese Struktur für die Simulation von Kristallwachstum sowie zur Beschreibung und Untersuchung von Kristallstrukturen. Diese Strukturen entstehen im wesentlichen durch gleichmäßiges Wachstum von Regionen, das bei regulär im Raum angeordneten Punkten beginnt und bei Berühren zweier Regionen beendet wird. Die entstehenden Regionen sind mit den Regionen des dreidimensionalen Voronoi-Diagramms der Startpunktmenge identisch. Je nach Anordnung der Startpunkte können unterschiedliche Formen von Kristalle entstehen. In den 30er Jahren benutzten die Metallurgisten Wigner und Seitz Voronoi-Diagramme, um Eigenschaften komplexer Strukturen von Legierungen zu beschreiben. Dabei spielen vor allem Kräfte zwischen benachbarten Atomen und die räumliche Anordnung der Atome bei der Qualitätsberechnung eine große Rolle. Erstes geographisches Interesse an Voronoi-Diagrammen geht zurück auf den Klimatologen Thiessen. Dieser benutzte die Struktur des Voronoi-Diagramms, um Schätzungen von Niederschlagsmengen zu verbessern. Weitere geographische Anwendungen finden sich in der Kartographie und in der Stadtplanung. In [Aur91] kann man mehr über die Geschichte des Voronoi-Diagramms erfahren. Außerdem finden sich dort weitere Anwendungsbeispiele.

Heute sind das Voronoi-Diagramm und die Delaunay-Triangulierung grundlegende Strukturen in der algorithmischen Geometrie (Computational Geometry) [PS85], [O'R93]. Eine naheliegende geometrische Anwendung des Voronoi-Diagramms besteht im Post-Office-Problem d.h. im Beantworten von Anfragen der Form, welcher Punkt einer Punktmenge in der Ebene oder im Raum zu einem vorgegebenen Punkt der nächste ist. Bei vielen Anfragen lohnt es sich, das Voronoi-Diagramm für die Bestimmung der nächsten 'Postämter' zu benutzen.
Die geometrische Struktur des Voronoi-Diagramms kann schnell konstruiert werden ($O(n \log n)$ Zeit im $\mathbb{R}^2$) und enthält alle wichtigen Informationen über Nachbarschaften ($O(n)$ Speicherplatzbedarf im $\mathbb{R}^2$), aus denen sich in linearer Zeit wichtige Probleme der algorithmischen Geometrie berechnen lassen. Zu diesen zählen u.a. der euklidische minimale Spannbaum (EMST), der größte leere Kreis bzw. die größte leere Kugel und die zwei nächsten Nachbarpunkte [SH75]. Eine Näherungslösung für

ein NP-vollständiges, graphentheoretisches Problem, das Problems des Handlungs-reisenden, kann mit Hilfe der zweidimensionalen Delaunay-Triangulierung bzw. des EMST gewonnen werden. Das Problem des Handlungsreisenden besteht aus dem Bestimmen einer optimalen Rundtour durch n vorgegebene Punkte (Städte), ohne einen Punkt zweimal zu besuchen.

In der Computer-Graphik eignet sich die Delaunay-Triangulierung besonders gut für die Visualisierung und Modellierung von geometrischen Objekten, wie z.B. Frei-formflächen. Eine wichtige Eigenschaft der Delaunay-Triangulierung, daß die Winkel unter allen möglichen Triangulierungen optimal sind (vgl. Lemma 1.55), rechtfertigt die Verwendung der Delaunay-Triangulierung bei der Netzgenerierung. Zur Visua-lisierung werden geometrische Objekte durch Dreiecksnetze approximiert, die dann mittels Hardware-Unterstützung schnell schattiert und dargestellt werden können. Weitere Anwendungen zwei- und dreidimensionaler Delaunay-Triangulierungen fin-den sich in der Stereolithographie und in der Methode der Finiten Elemente.

Wegen der Dualität zwischen Voronoi-Diagramm und Delaunay-Triangulierung kann in einer zur Größe der Struktur proportionalen Zeit aus der einen die jeweils duale Struktur berechnet werden. Im wesentlichen existieren zur Berechnung der Delaunay-Triangulierung einfachere Algorithmen als zur Berechnung des Voronoi-Diagramms. Aus diesem Grund empfiehlt es sich zur Berechnung des Voronoi-Diagramms, zunächst die Delaunay-Triangulierung und anschließend das Voronoi-Diagramm zu bestim-men.

In dieser Diplomarbeit werden eine Reihe von Algorithmen zur Berechnung der Delaunay-Triangulierung mit oder ohne Beschleunigungsstrukturen auf die Eignung für die Computer-Graphik und Netzgenerierung im $\mathbb{R}^2$ und im $\mathbb{R}^3$ untersucht und miteinander verglichen. Im ersten Kapitel der Arbeit werden die Eigenschaften von Voronoi-Diagrammen und Delaunay-Triangulierungen zusammengestellt. Sie bilden die Grundlage für die im zweiten Kapitel vorgestellten Algorithmen zur Berech-nung von zwei- und dreidimensionalen Delaunay-Triangulierungen. Am Ende des zweiten Kapitels befinden sich die ermittelten Laufzeiten der Algorithmen in Form von Tabellen und Graphiken. Das nächste Kapitel gibt einen Überblick über die verwendeten Datenstrukturen und deren Realisierung in Klassen. Das vierte Kapi-tel beschäftigt sich mit der Visualisierung von dreidimensionalen Triangulierungen. Dort werden einfache Methoden vorgestellt, wie z.B. das Auseinanderziehen der Tetraeder oder das Entfernen einzelner Tetraedern, die die Visualisierung erheb-lich erleichern. Im letzten Kapitel sind einige Algorithmen für die Netzgenerierung zusammengestellt, die auf den in dieser Arbeit vorgestellten Algorithmen aufbau-en. Diese Algorithmen berechnen die bedingte Delaunay-Triangulierung (CDT), die Delaunay-Triangulierung von Polygonen (PDT) und verfeinerte Netze bzw. Triangu-lierungen durch Einfügen von Punkten. Anschließend wird erklärt, welche Bedeutung die Netzgenerierung für die Stereolithographie, die Modellierung und Visualisierung von Freiformflächen und die Methode der Finiten Elemente besitzt.

Kapitel 1

Grundlagen

1.1 Definitionen

Die folgenden Definitionen und Eigenschaften wurden weitgehend aus [For92], [Ede87], [PS85] und [O'R93] entnommen.

1.1.1 Graph

Definition 1.1 (Graph)
Ein Graph ist ein Paar (P, E), wobei P eine nichtleere Menge von n verschiedenen Knoten $p_0, \ldots, p_{n-1}$ und E eine Menge ungeordneter Mengen $\{p_i p_j\}, 0 \leq i, j \leq n - 1, i \neq j$ ist. Die Elemente von P heißen Knoten, die Elemente von E Kanten. Der Einfachheit halber wird eine Kante $\{p_i, p_j\}$ mit $\overline{p_i p_j}$ bezeichnet. Kanten sind nicht orientiert. Die Kanten $p_i p_j$ und $p_j p_i$ sind identisch. Halbkanten sind Kanten mit Richtungsangabe; eine Kante $p_i p_j$ besteht aus den zwei Halbkanten $\overrightarrow{p_i p_j}$ und $\overrightarrow{p_j p_i}$. Ist $p_i p_j \in E$, so heißen die Knoten p_i und p_j benachbart. Zwei Kanten heißen benachbart oder inzident, falls sie einen gemeinsamen Knoten besitzen.

Definition 1.2 (Geometrischer Graph)
Ein geometrischer Graph G ist ein Paar (P,E), wobei P eine nicht-leere endliche Menge von Punkten $P = \{p_0, \ldots, p_{n-1}\} \subset \mathbb{R}^d, d \geq 2$.

1.1.2 Simplex, Facette und Kugel

Definition 1.3 (m-Simplex)
Eine konvexe Kombination von $m + 1$ affin unabhängigen Punkten $p_0, p_1, \ldots, p_m \in P, m \leq d$ heißt m-Simplex. Die Punkte $p_0, p_1, \ldots, p_m$ werden die Punkte des Simplex $\Delta(p_0, p_1, \ldots, p_m)$ genannt.

Beispiel 1.4 *Ein 2-Simplex im $\mathbb{R}^2$ ist ein Dreieck und ein 3-Simplex im $\mathbb{R}^3$ ein Tetraeder.*

Definition 1.5 (k-Facette)
Gegeben sei die obige Punktmenge P und $t = \Delta(p_0, p_1, \ldots, p_m)$ ein m-Simplex. Dann heißt eine konvexe Kombination von $k + 1$ Punkten von t, $(k < m)$ eine k-Facette.

Beispiel 1.6 *Eine 2-Facette eines Tetraeder $\Delta(p_0, p_1, p_2, p_3)$ ist ein Dreieck, eine 1-Facette eine Kante, und eine 0-Facette ist ein Eckpunkt.*

Definition 1.7 (d-Kugel)
Die Menge der Punkte $S = \{x \in \mathbb{R}^d \mid dist(M, x) = r\}$ heißt d-Kugel mit Mittelpunkt $M \in \mathbb{R}^d$ und Radius r. Die Menge der Punkte $\overset{\circ}{S} = \{x \in \mathbb{R}^d \mid dist(M, x) < r\}$ heißt das Innere der d-Kugel mit Mittelpunkt $M \in \mathbb{R}^d$ und Radius r.

Bemerkung 1.8 *Eine 3-Kugel wird oft auch als Kugel bezeichnet, eine 2-Kugel als Kreis.*

Definition 1.9 (d-Umkugel)
Eine d-Kugel S mit Mittelpunkt $M \in \mathbb{R}^d$ und Radius r heißt d-Umkugel des d-Simplex $t = \Delta(p_0, p_1, \ldots, p_d)$, falls für alle $p_j, 0 \leq j \leq d$ aus t gilt: $dist(M, p_j) = r$. Der Mittelpunkt wird Umkugelmittelpunkt und der Radius Umkugelradius des Simplex t genannt.

1.1.3 Polygon, Polygonnetz und Polyeder

Definition 1.10 (Polygon)
Ein geometrischer Graph $Q = (P, E)$ mit $P = \{p_0, p_1, \ldots, p_n\} \subset \mathbb{R}^d, d \geq 2$ und $E = \{\overline{p_0 p_1}, \overline{p_1 p_2}, \ldots, \overline{p_{n-1} p_n}\}$ heißt Polygon.

Definition 1.11 (Ebenes Polygon)
Ein Polygon $Q = (P, E)$ heißt eben, falls alle Kanten aus E in einer Ebene liegen.

Definition 1.12 (Geschlossenes Polygon)
Ein Polygon $Q = (P, E)$ heißt geschlossen, falls $p_0 = p_n$ gilt.

Definition 1.13 (Einfaches Polygon)
Ein Polygon $Q = (P, E)$ heißt einfach, falls gilt:
a) Der Schnitt jeweils zweier Kanten aus E ist entweder leer oder ein Punkt aus P.
b) Jeder Eckpunkt einer Kante gehört zu höchstens zwei Kanten aus E.

Lemma 1.14 *Jedes geschlossene ebene einfache Polygon Q unterteilt die Ebene in zwei Gebiete, das innere und das äußere Gebiet von Q. Das innere Gebiet von Q läßt sich folgendermaßen charakterisieren:*

- *Die Anzahl der Schnittpunkte zwischen den Kanten von Q und einem Strahl, der von einem Punkt im Innern von Q ausgeht, ist ungerade.*

Definition 1.15 (Polygonnetz)
Die Menge M von endlich vielen geschlossenen, ebenen und einfachen Polygonen heißt ein Polygonnetz, wenn sie die folgenden Eigenschaften hat:

- *Die inneren Gebiete von je zwei Polygonen aus M haben keinen Punkt gemeinsam.*

- *Der Schnitt je zweier Polygone aus M ist entweder leer oder besteht aus einem Eckpunkt oder einer gemeinsamen Kante.*

- *Jede Kante eines Polygons aus M gehört zu einem oder zwei Polygonen.*

- *Die Menge aller Kanten, die nur zu einem Polygon aus M gehören, ist entweder leer [1] oder sie bildet ein einziges, geschlossenes, einfaches Polygon [2].*

Bemerkung 1.16 *Die Menge aller Punkte und die Menge aller Kanten eines Polygonnetzes bilden einen geometrischen Graphen.*

Definition 1.17 (Polyeder)
Ein Graph $Q = (P, E)$ mit den Punkten $P \subset I\!\!R^d, d \geq 3$ und den Kanten E eines Polygonnetzes M heißt Polyeder, falls gilt:

- *Jede Kante aus E gehört zu genau zwei Polygonen aus M*

- *Jeder Eckpunkt p gehört zu einer endlichen, zyklisch geordneten Menge von Polygongebieten, d.h. die zu einer Ecke gehörenden Polygone sind so angeordnet, daß immer q_i und $q_{i+1}(modn)$ ($q_i \in M$) eine zur Ecke gehörende Kante gemeinsam haben.*

- *Q ist zusammenhängend.*

Die Menge aller abgeschlossenen inneren Polygongebiete von M heißt die Oberfläche des Polyeders Q.

Lemma 1.18 *Jeder Polyeder Q unterteilt den Raum in zwei Gebiete, das innere und das äußere Gebiet von Q. Das innere Gebiet von Q läßt sich folgendermaßen charakterisieren:*

- *Die Anzahl der Schnitte zwischen der Oberfläche von Q und einem Strahl, der von einem Punkt im Innern von Q ausgeht, ist ungerade.*

Definition 1.19 (Diagonale)
Gegeben sei ein Polygon bzw. ein Polyeder $Q = (P, E)$. Eine Verbindungsstrecke zweier Punkte $p_i, p_j \in P$ heißt Diagonale von Q, falls sie vollständig im abgeschlossenen inneren Gebiet von Q liegt.

1.1.4 Konvexe Hülle

Definition 1.20 (Konvexes Gebiet)
Ein Gebiet $X \subset I\!\!R^d$ heißt konvex genau dann, wenn gilt: $\overline{p_i p_j} \subset X \;\; \forall p_i, p_j \in X$.

Definition 1.21 (Konvexes Polygon, Konvexer Polyeder)
Ein Polygon oder Polyeder $Q = (P, E)$, das aus der Punktmenge $P = \{p_0, p_1, \ldots, p_{n-1}\}$ und der Kantenmenge E besteht, heißt konvex, falls jede Verbindungsstrecke $p_i p_j$ für alle $0 \leq i, j \leq n - 1$ vollständig im abgeschlossen inneren Gebiet von Q liegt.

---

[1] Im $\mathbf{R}^2$ bildet diese Menge immer ein einziges geschlossenes einfaches Polygon, im $\mathbf{R}^d, d > 2$ kann diese Menge leer werden.

[2] Dieses Polygon heißt der Rand des Netzes

Bemerkung 1.22 *Dreiecke, Rechtecke, Tetraeder und Quader sind immer konvex.*

Definition 1.23 (Konvexe Hülle)
Das kleinste konvexe Polygon bzw. der kleinste konvexe Polyeder, der alle Punkte $p_i \in P$ der Punktmenge P enthält, heißt die konvexe Hülle $CH(P)$ von P.

Satz 1.24 *Alle Eckpunkte der konvexen Hülle $CH(P)$ gehören zu P.*

1.1.5 Triangulierung

Definition 1.25 (Triangulierung von Punktmengen)
Eine endliche Menge von d-Simplices heißt Triangulierung $T(P)$ einer Punktmenge $P \subset I\!R^d$, falls folgendes gilt:

- *Jeder Punkt $p \in P$ gehört zu mindestens einem d-Simplex.*

- *Der Schnitt zweier d-Simplices aus $T(P)$ ist entweder leer oder eine gemeinsame k-Facette, $(0 \leq k < d)$.*

- *Die Menge aller $(d-1)$-Facetten, die nur zu einem d-Simplex gehören, bilden ein konvexes Polygon im $I\!R^2$ bzw. einen konvexen Polyeder im $I\!R^3$.*

Bemerkung 1.26 *Die Triangulierung von dreidimensionalen Punktmengen wird oft auch als Tetraedrisierung bezeichnet.*

Lemma 1.27 *Gegeben sei eine Triangulierung $T(P)$. Die Menge P und die Menge E der 1-Facetten (Kanten) aus T bilden einen geometrischen Graphen $T_g(P) = (P, E)$.*

Lemma 1.28 (Euler-Formel für 2D-Triangulierungen) *Sei $T(P)$ eine Triangulierung im $I\!R^2$ und n die Anzahl der Punkte in P, b die Anzahl der Punkte auf der konvexen Hülle $CH(P)$, e die Anzahl der Kanten von E und t die Anzahl der Dreiecke von T. Dann gilt*

$$e = 3(n-1) - b$$
$$t = 2(n-1) - b$$

Korollar 1.29 *Jede Triangulierung $T(P)$ einer Punktmenge P im $I\!R^2$ besitzt dieselbe Anzahl von Kanten und Dreiecken.*

Lemma 1.30 (Eulerformel für 3D-Triangulierungen) *Sei $T(P)$ eine Triangulierung im $I\!R^3$ und n die Anzahl der Punkte in P, f die Anzahl der Dreiecksflächen (2-Facetten), e die Anzahl der Kanten von E und t die Anzahl der Tetraeder von T. Dann gilt:*

$$n - e + f - t = 1$$

Bemerkung 1.31 *Die Eigenschaft, daß jede Triangulierung $T(P)$ einer Punktmenge dieselbe Anzahl von Kanten und Simplices besitzt, gilt nur für Triangulierungen im $\mathbb{R}^2$. Zum Beispiel existieren im $\mathbb{R}^3$ zwei Tetraedrisierungen der Punktmenge $P = \{p_0, p_1, p_2, p_3, p_4\}$. Die erste mögliche Tetraedrisierung besteht aus den beiden Tetraedern $\Delta(p_0, p_1, p_2, p_3)$ und $\Delta(p_0, p_1, p_2, p_4)$. Dagegen besteht die zweite mögliche Tetraedrisierung aus den drei Tetraedern $\Delta(p_0, p_1, p_3, p_4)$, $\Delta(p_1, p_2, p_3, p_4)$ und $\Delta(p_2, p_0, p_3, p_4)$, vgl. Abbildung 1.1.*

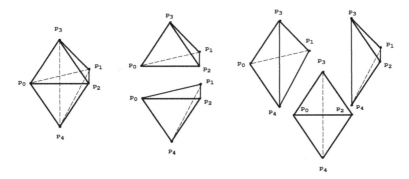

Abbildung 1.1: Zwei mögliche Tetraedrisierungen von fünf Punkten.

Satz 1.32 (Triangulierung von Polygonen bzw. Polyedern)
a) Das abgeschlossene innere Gebiet jeden geschlossenen ebenen einfachen Polygons Q kann durch Diagonalen in eine endliche Menge von Dreiecken so zerlegt werden, daß deren Seiten entweder Diagonalen oder Polygonkanten von Q sind und der Schnitt jeweils zweier dieser Dreiecke entweder leer ist oder eine Diagonale ist. Die Menge dieser Dreiecke heißt die Triangulierung des Polygons Q.
b) Das abgeschlossene innere Gebiet jeden Polyeders Q kann in eine endliche Menge von Tetraedern so zerlegt werden, daß deren 1-Facetten entweder Diagonale oder Kanten aus Q sind und der Schnitt jeweils zweier Tetraeder entweder leer oder eine gemeinsame k-Facette $(0 \le k < d)$ ist. Die Menge dieser Tetraeder heißt Tetraedrisierung des Polyeders Q.

1.1.6 Voronoi-Diagramm

Definition 1.33 (Voronoi-Region)
Sei $P = \{p_0, \ldots, p_{n-1}\} \in \mathbb{R}^d, d \ge 2$ eine Menge von Punkten. Dann heißt die Region

$$VorR(p_i) = \{x \in \mathbb{R}^d \mid dist(x, p_i) < dist(x, p_j) \, \forall j, \, j \ne i\}$$

die Voronoi-Region von p_i. Sie ist die Menge aller Positionen $x \in \mathbb{R}^d$, die näher zum Punkt $p_i \in P$ liegen, als zu einem anderen Punkt $p_j \in P$. Die Punkte $p_i \in P$ werden auch Voronoi-Generatoren genannt.

Lemma 1.34 *Sei $H(p_i, p_j) = \{x \in I\!R^d | dist(p_i, x) \le dist(p_j, x\}$ der Halbraum, der durch die mittelsenkrechte Hyperebene von $p_i p_j$ bestimmt ist. Dann gilt:*

$$VorR(p_i) = \bigcap_{0 \le j < n, j \ne i} H(p_i, p_j)$$

Wegen der Konvexität der Halbräume $H(p_i, p_j)$ ist auch der Schnitt $VorR(p_i)$ eine konvexe Region. Diese Region besitzt nicht mehr als n Randkanten.

Definition 1.35 (Voronoi-Diagramm)
Die Voronoi-Regionen $VorR(p_0), \ldots, VorR(p_{n-1})$ der Punktmenge $P = \{p_0, \ldots, p_{n-1}\} \in I\!R^d$ bilden eine Unterteilung des $I\!R^d$, $d \ge 2$, diese nennt man das Voronoi-Diagramm Vor(P) von P (vgl. Abbildung 1.2).

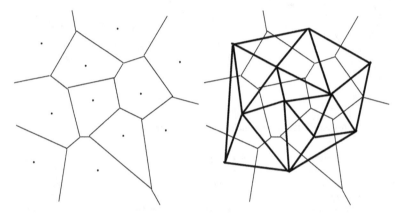

Abbildung 1.2: Voronoi-Diagramm im $I\!R^2$ Abbildung 1.3: und die entsprechende Delaunay-Triangulierung im $I\!R^2$

Definition 1.36 (Voronoi-Kanten und -Punkte im $I\!R^2$)
Im $I\!R^2$ heißt eine gemeinsame Kante zwischen zwei Voronoi-Regionen $VorR(p_i)$ und $VorR(p_j)$ im Voronoi-Diagramm Voronoi-Kante e_{ij}. Sie ist Teil der Mittelsenkrechten von $\overline{p_i p_j}$. Ein Punkt, an dem mindestens drei Voronoi-Regionen $VorR(p_i)$, $VorR(p_j)$ und $VorR(p_k)$ aneinandergrenzen, wird Voronoi-Punkt q_{ijk} genannt.

Definition 1.37 (Voronoi-Fläche, -Kanten und -Punkte im $I\!R^3$)
Im $I\!R^3$ heißt eine gemeinsame Fläche zwischen zwei Voronoi-Regionen $VorR(p_i)$ und $VorR(p_j)$ im Voronoi-Diagramm Voronoi-Fläche f_{ij}. Sie ist Teil der mittelsenkrechten Hyperebene von $\overline{p_i p_j}$. Eine Kante, an der mindestens drei Voronoi-Regionen $VorR(p_i)$, $VorR(p_j)$ und $VorR(p_k)$ aneinandergrenzen, wird Voronoi-Kante e_{ijk} genannt. Ein Punkt, an dem mindestens vier Voronoi-Regionen $VorR(p_i)$, $VorR(p_j)$, $VorR(p_k)$ und $VorR(p_l)$ heißt der Voronoi-Punkt q_{ijkl}.

Bemerkung 1.38 *Die Menge Q der Voronoi-Punkte und die Menge E der Voronoi-Kanten bilden einen geometrischen Graphen $V_g = (Q, E)$.*

Definition 1.39 (Voronoi-Nachbarn)
p_i und p_j $(i \neq j)$ sind Voronoi-Nachbarn, falls $VorR(p_i)$ und $VorR(p_j)$ eine gemeinsame Voronoi-Kante (im $I\!\!R^2$) bzw. eine gemeinsame Voronoi-Fläche (im $I\!\!R^3$) besitzen.

Lemma 1.40 *Das Voronoi-Diagramm $Vor(P)$ mit $P = \{p_0, \ldots, p_{n-1}\} \in I\!\!R^d, d \geq 2$ unterteilt $I\!\!R^d$ in genau n Regionen.*

Lemma 1.41 *Im $I\!\!R^2$ besitzen zwei Voronoi-Regionen höchstens eine gemeinsame Voronoi-Kante.*

Lemma 1.42 *Im $I\!\!R^3$ besitzen zwei Voronoi-Regionen höchstens eine gemeinsame Voronoi-Fläche.*

Lemma 1.43 *Eine Voronoi-Region $VorR(p_i)$ des Voronoi-Diagramms $Vor(P)$ ist unbeschränkt, genau dann wenn p_i auf der konvexen Hülle von P liegt.*

Lemma 1.44 (Voronoi-Polygon, Voronoi-Polyeder)
Die Menge aller Voronoi-Punkte Q und die Menge aller Voronoi-Kanten E, die zur Voronoi-Region $VorR(p_i)$ des Punktes $p_i \notin CH(P)$ gehören, bilden

1. *ein konvexes Polygon im $I\!\!R^2$, das das Voronoi-Polygon $VorP(p_i)$ genannt wird.*

2. *einen konvexen Polyeder im $I\!\!R^3$, der der Voronoi-Polyeder $VorP(p_i)$ genannt wird.*

1.1.7 Delaunay-Triangulierung

Definition 1.45 (Delaunay-Kante)
Eine Kante $p_i p_j \in E$ heißt Delaunay-Kante, falls p_i und p_j Voronoi-Nachbarn sind.

Definition 1.46 (Delaunay-Triangulierung im $I\!\!R^d$)
Eine Triangulierung $DT(P) = T(P, E)$ mit einer Punktmenge $P \subset I\!\!R^d$ heißt Delaunay-Triangulierung von P, falls alle Kanten in E Delaunay-Kanten sind.

Bemerkung 1.47 (Dualität) *Die Delaunay-Triangulierung im $I\!\!R^d$ ist die zum Voronoi-Diagramm duale Struktur (vgl. Abbildungen 1.2 und 1.3). Diese entsteht, wenn man jeden Punkt mit allen seinen Voronoi-Nachbarn verbindet. So entspricht jeder Punkt der Delaunay-Triangulierung genau einer Region des Voronoi-Diagramms, jeder d-Simplex t der Delaunay-Triangulierung genau einem Voronoi-Punkt, der Umkugelmittelpunkt von t ist. Jedes der beiden Diagramme bzw. Graphen entsteht durch Verbinden seiner Punkte und ist eine Unterteilung von $I\!\!R^d$.*

Bemerkung 1.48 *Liegen die Punkte aus P in allgemeiner Position, d.h. liegen keine $d + 2$ Punkte aus P auf einer d-Kugel, so ist die Delaunay-Triangulierung eindeutig.*

Bemerkung 1.49 *Die Delaunay-Triangulierung im $I\!\!R^3$ heißt auch Delaunay-Tetraedrisierung.*

Satz 1.50 (Umkugel-Eigenschaft von Delaunay-Triangulierungen)

Sei eine Delaunay-Triangulierung $DT(P)$ im $I\!\!R^d$ gegeben und $\overset{o}{S}=\overset{o}{S}(p_{i0}, p_{i1}, \ldots, p_{id})$ das Innere der d-Umkugel des zur $DT(P)$ gehörenden d-Simplex $\Delta(p_{i0}, p_{i1}, \cdots, p_{id})$, dann ist kein Punkt $p \in P$ in $\overset{o}{S}$ enthalten. Der Mittelpunkt von $\overset{o}{S}$ ist der Voronoi-Punkt $q = q_{i_0 i_1 \ldots i_d}$.

Beweis 1.51 *Diese Eigenschaft folgt unmittelbar aus der Definition von Voronoi-Diagrammen im $I\!\!R^d$. Der Voronoi-Punkt $q_{i_0 i_1 \ldots i_d}$, an dem die Voronoi-Regionen $VorR(p_{i0}), VorR(p_{i1}), \ldots, VorR(p_{id})$ aufeinandertreffen, hat von den Generatoren $p_{i0}, p_{i1}, \ldots, p_{id}$ den gleichen Abstand, und bildet somit den Umkreismittelpunkt von $\Delta(p_{i0}, p_{i1}, \cdots, p_{id})$. Nach Definition der Voronoi-Punkte gibt es keinen anderen Generator, der näher bei $q_{i_0 i_1 \ldots i_d}$ und somit in der d-Kugel $\overset{o}{S}$ liegt.*

1.1.8 Delaunay-Triangulierung im $I\!\!R^2$

Satz 1.52 *Sei P eine endliche Menge von Punkte im $I\!\!R^2$. Eine Kante $p_i p_j$ mit $p_i, p_j \in P, i \neq j$ ist eine Kante der Delaunay-Triangulierung $DT(P)$ genau dann, wenn ein Kreis C existiert, so daß $\overset{o}{C} \cap P = \emptyset$ und $\{p_i, p_j\} = C \cap P$ ist.*

Definition 1.53 (Lokale Delaunay-Eigenschaft)

Sei P eine endliche Menge von Punkten im $I\!\!R^2$ und $T(P)$ eine Triangulierung von P. Zwei Dreiecke $T_0 = \Delta(p_0, p_1, p_3)$ und $T_1 = \Delta(p_1, p_2, p_3)$, $T_0, T_1 \in T(P)$ heißen lokal Delaunay, falls das Viereck (p_0, p_1, p_2, p_3) konvex ist und p_2 außerhalb des Umkreises von T_0 liegt (oder p_0 außerhalb des Umkreises von T_1 liegt), vgl. Abbildung 1.4.

Lemma 1.54

Eine Triangulierung im $I\!\!R^2$ ist eine Delaunay-Triangulierung genau dann, wenn alle Dreieckspaare der Triangulierung lokal Delaunay sind.

Die lokale Delaunay-Eigenschaft folgt direkt aus der Umkreis-Eigenschaft und kann deshalb mittels der Umkreis-Eigenschaft überprüft werden.

Satz 1.55 (Min-Max-Eigenschaft von Delaunay-Triangulierungen)
Von allen Triangulierungen einer Punktmenge $P \subset I\!\!R^2$ minimiert die Delaunay-Triangulierung den größten Umkreis und maximiert den kleinsten Winkel.

1.1.9 Delaunay-Tetraedrisierung im $I\!\!R^3$

Satz 1.56 *Sei P eine endliche Menge von Punkten im $I\!\!R^3$. Eine Kante $\overline{p_i p_j}$ mit $p_i, p_j \in P, i \neq j$ ist eine Kante der Delaunay-Tetraedrisierung $DT(P)$ genau dann, wenn eine Kugel S existiert, so daß $\overset{o}{S} \cap P = \emptyset$ und $\{p_i, p_j\} = S \cap P$ ist.*

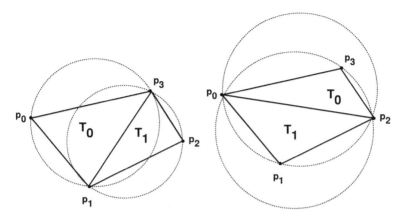

Abbildung 1.4: Die linke Abbildung zeigt zwei Dreiecke, die lokal Delaunay sind: p_2 liegt außerhalb des Umkreises von T_0. Die Dreiecke in der rechten Abbildung sind nicht lokal Delaunay.

Satz 1.57 *Sei P eine endliche Menge von Punkten im $I\!\!R^3$. Eine Dreieck $\Delta(p_i p_j p_k)$ mit $p_i, p_j, p_k \in P$ ist eine Dreiecksfläche der Delaunay-Tetraedrisierung $DT(P)$ genau dann, wenn eine Kugel S existiert, so daß $\overset{\circ}{S} \cap P = \emptyset$ und $\{p_i, p_j, p_k\} = S \cap P$ ist.*

Weitere Eigenschaften von d-dimensionalen Delaunay-Triangulierungen finden sich in [Law86].

1.1.10   Zusammenhang der Delaunay-Triangulierung mit konvexen Polyedern

Der Zusammenhang zwischen Delaunay-Triangulierungen und konvexen Polyedern spielt in den meisten der folgenden Algorithmen zur Berechnung der Delaunay-Triangulierung im $I\!\!R^d$ eine wichtige Rolle. Aus diesem Zusammenhang läßt sich ein wichtiges Hilfsmittel für die Berechnung der Delaunay-Triangulierung, das Umkugel-Kriterium, ableiten.

Die Abbildung $\lambda : I\!\!R^d \to I\!\!R^{d+1}$ mit $\lambda(x_0, x_1, \ldots, x_{d-1}) = (x_0, x_1, \ldots, x_{d-1}, x_0^2 + x_1^2 + \ldots + x_{d-1}^2)$ bildet den $I\!\!R^d$ auf einen Rotationsparaboloiden Λ um die x_d-Achse im $I\!\!R^{d+1}$ ab.

Lemma 1.58 *Sei E eine Ebene im $I\!\!R^{d+1}$ nicht parallel zur x_d-Achse und λ und Λ wie oben definiert. Dann gilt eine der drei folgenden Bedingungen:*

- $E \cap \Lambda = \emptyset$

- $E \cap \Lambda = \{p\}$ *und E ist Tangentialebene an Λ im Punkt p.*

- *Die Projektion von $E \cap \Lambda$ auf die Hyperebene $< x_0, \ldots, x_{d-1} >$ ist eine d-Kugel S. In diesem Fall trennt die Ebene E die Menge $\lambda(\overset{\circ}{S})$ und $\lambda(\neg \overset{\circ}{S})$ und damit alle Punkte im Innern und Äußern von S. Ist umgekehrt S eine d-Kugel auf der Hyperebene $< x_0, \ldots, x_{d-1} >$, so existiert genau eine Ebene E mit $E \cap \Lambda = S$.*

Definition 1.59
Eine Facette der konvexen Hülle $H(\lambda(P))$ heißt untere Facette, falls $\lambda(P)$ oberhalb der durch die Facette definierten Stützebene liegt (Blickpunkt auf der negativen x_d-Achse).

Korollar 1.60 *Sei $CH(\lambda(P))$ die konvexe Hülle von $\lambda(P)$ und $DT(P)$ die Delaunay-Triangulierung von P im $\mathbb{R}^d$. Dann gilt $DT(P) = \{proj(f) : f \in CH(\lambda(P)), f$ ist untere Facette von $CH(\lambda(P))\}$, wobei $proj : \mathbb{R}^{d+1} \to \mathbb{R}^d$, $proj(x_0, \ldots, x_{d-1}, x_d) = (x_0, \ldots, x_{d-1})$ die orthogonale Projektion auf die Hyperebene $< x_0, \ldots, x_{d-1} >$ ist.*

1.2 Berechnung der Umkugel

1.2.1 Umkugel-Kriterium

Aus Lemma 1.58 lassen sich zwei wichtige Hilfsmittel für die Berechnung der Delaunay-Triangulierung ableiten. Mit Hilfe der beiden folgenden Kriterien kann man bestimmen, ob ein Punkt in der Umkugel eines d-Simplex liegt oder nicht.

Korollar 1.61 (Orientierung) *Ein d-Simplex $\Delta(p_0, \ldots, p_d) \in \mathbb{R}^d, d \geq 2$ ist positiv orientiert, falls*

$$\begin{vmatrix} p_{00} & p_{01} & \cdots & p_{0d-1} & 1 \\ p_{10} & p_{11} & \cdots & p_{1d-1} & 1 \\ \vdots & \vdots & & \vdots & \vdots \\ p_{d0} & p_{d1} & \cdots & p_{dd-1} & 1 \end{vmatrix} > 0.$$

Korollar 1.62 (Umkugel-Kriterium)
Ist ein positiv orientierter d-Simplex $\Delta(p_0, p_1, \ldots, p_d) \in \mathbb{R}^d$ gegeben und

$$H(p_0, p_1, \cdots, p_d, q) = \begin{vmatrix} p_{00} & p_{01} & \cdots & p_{0d-1} & p_0^2 & 1 \\ p_{10} & p_{11} & \cdots & p_{1d-1} & p_1^2 & 1 \\ \vdots & \vdots & & \vdots & \vdots & \vdots \\ p_{d0} & p_{d1} & \cdots & p_{dd-1} & p_d^2 & 1 \\ q_0 & q_1 & \cdots & q_{d-1} & q^2 & 1 \end{vmatrix},$$

so gilt:

$$H(p_0, p_1, \ldots, p_d, q) < 0 \quad \Leftrightarrow \quad q \text{ liegt außerhalb der Kugel } S(p_0, p_1, \ldots, p_d)$$
$$H(p_0, p_1, \ldots, p_d, q) = 0 \quad \Leftrightarrow \quad q \text{ liegt auf der Kugel } S(p_0, p_1, \ldots, p_d)$$
$$H(p_0, p_1, \ldots, p_d, q) > 0 \quad \Leftrightarrow \quad q \text{ liegt innerhalb der Kugel } S(p_0, p_1, \ldots, p_d)$$

Der Punkt-in-Umkreis-Test wird damit auf einen Punkt-Ebenen-Test in einer höheren Dimension zurückgeführt, in dem festgestellt wird, auf welcher Seite der Ebene der Punkt q liegt. Beim Auswerten der Determinante ist ein geeignetes, numerisch stabiles Verfahren notwendig, um auch bei spitzen und stumpfwinkligen Dreiecken oder Tetraedern das korrekte Ergebnis zu erhalten.

1.2.2 Berechnung der Umkugel

Bei einigen Algorithmen reicht der obige Test vollkommen aus, aber bei vielen anderen Algorithmen und Anwendungen ist es oft notwendig, die Umkugel eines Tetraeders bzw. dem Umkreis eines Dreiecks explizit zu berechnen. Eine 'brute-force'-Formel, die wegen numerischer Instabilität verbessert werden kann, wird im folgenden hergeleitet. Gegeben sei ein Tetraeder $\Delta(R, S, T, U)$ mit $R, S, T, U \in \mathbb{R}^3$, gesucht ist die Umkugel mit Mittelpunkt M und Radius r. Es gilt die Kugelgleichung:

$$
\begin{aligned}
(R - M)^2 = r^2 &\iff (R_x - M_x)^2 + (R_y - M_y)^2 + (R_z - M_z)^2 = r^2 \quad (1)\\
(S - M)^2 = r^2 &\iff (S_x - M_x)^2 + (S_y - M_y)^2 + (S_z - M_z)^2 = r^2 \quad (2)\\
(T - M)^2 = r^2 &\iff (T_x - M_x)^2 + (T_y - M_y)^2 + (T_z - M_z)^2 = r^2 \quad (3)\\
(U - M)^2 = r^2 &\iff (U_x - M_x)^2 + (U_y - M_y)^2 + (U_z - M_z)^2 = r^2 \quad (4)
\end{aligned}
$$

Mit Ausmultiplizieren der Quadrate und anschließender Subtraktion folgt:

$$
\begin{aligned}
(2)-(1) \quad & 2(S_x - R_x)\,M_x + 2\,(S_y - R_y)\,M_y + 2\,(S_z - R_z)\,M_z = S^2 - R^2\\
(3)-(1) \quad & 2(T_x - R_x)\,M_x + 2\,(T_y - R_y)\,M_y + 2\,(T_z - R_z)\,M_z = T^2 - R^2\\
(4)-(1) \quad & 2(U_x - R_x)\,M_x + 2\,(U_y - R_y)\,M_y + 2\,(U_z - R_z)\,M_z = U^2 - R^2
\end{aligned}
$$

als Matrix geschrieben:

$$
C_{STU}\, M = \begin{pmatrix} S_x - R_x & S_y - R_y & S_z - R_z \\ T_x - R_x & T_y - R_y & T_z - R_z \\ U_x - R_x & U_y - R_y & U_z - R_z \end{pmatrix} \begin{pmatrix} M_x \\ M_y \\ M_z \end{pmatrix} = \frac{1}{2}\begin{pmatrix} S^2 - R^2 \\ T^2 - R^2 \\ U^2 - R^2 \end{pmatrix}
$$

Die Anwendung der Cramer'schen Regel ergibt für M_x, M_y und M_z:

$$
M_x = \frac{1}{det\,C_{STU}} \begin{vmatrix} \frac{1}{2}(S^2 - R^2) & (S_y - R_y) & (S_z - R_z) \\ \frac{1}{2}(T^2 - R^2) & (T_y - R_y) & (T_z - R_z) \\ \frac{1}{2}(U^2 - R^2) & (U_y - R_y) & (U_z - R_z) \end{vmatrix}
$$

$$
M_y = \frac{1}{det\,C_{STU}} \begin{vmatrix} (S_x - R_x) & \frac{1}{2}(S^2 - R^2) & (S_z - R_z) \\ (T_x - R_x) & \frac{1}{2}(T^2 - R^2) & (T_z - R_z) \\ (U_x - R_x) & \frac{1}{2}(U^2 - R^2) & (U_z - R_z) \end{vmatrix}
$$

$$
M_z = \frac{1}{det\,C_{STU}} \begin{vmatrix} (S_x - R_x) & (S_y - R_y) & \frac{1}{2}(S^2 - R^2) \\ (T_x - R_x) & (T_y - R_y) & \frac{1}{2}(T^2 - R^2) \\ (U_x - R_x) & (U_y - R_y) & \frac{1}{2}(U^2 - R^2) \end{vmatrix}
$$

1.3 Numerische Probleme

Ein großes Problem bei allen geometrischen Algorithmen besteht in numerischen Ungenauigkeiten, die auftreten, wenn man die Gleitkomma-Arithmetik benützt. Schnittpunktberechnung, Berechnung von Geraden- und Ebenengleichungen und die Berechnung von Umkreisen bzw. Umkugeln sind einige der geometrischen Grundoperationen, die von vielen geometrischen Algorithmen verwendet werden. Durch Fehler bei der Gleitkomma-Arithmetik können in manchen Fällen falsche Entscheidungen in den Algorithmen getroffen werden, was zu falschen Ergebnissen führt. In [For91] wird eine 'multi-precision' Integer-Arithmetik verwendet, wobei die Werte in mehreren Bytes gespeichert werden. In Untersuchungen stellte Fortune fest, daß die Zeit, die ein geometrischer Algorithmus bei der Berechnung der elementaren geometrischen Grundoperationen verbraucht, in der Regel bis zu 50% der Gesamtlaufzeit beträgt und sich die Gesamtlaufzeit bei Verwendung der Integer-Arithmetik gegenüber der schnellen Gleitkomma-Arithmetik mehr als verdoppeln kann. Als Ergebnis seiner Untersuchungen schlägt Fortune vor, die numerisch stabilen Fälle mit Gleitkomma-Arithmetik und die selteren numerisch instabilen Fälle mit der Integer-Arithmetik zu lösen.

Beispiele von geometrischen Algorithmen mit numerischen Problemen werden in [Hof89] beschrieben. Vorschläge zur Verbesserung der Robustheit geometrischer Grundoperationen finden sich in [EM90]. Dort werden Verfahren vorgestellt, die u.a. die Auswertung von Determinanten verbessern. In [DSB92] wird dagegen vorgeschlagen, durch regelmäßiges Überprüfen der Topologie der bereits berechneten Triangulierung einen stabilen Algorithmus zu erhalten. Diese "Topologie-Checking"-Routinen sind aber sehr zeitaufwendig und wurden daher im Rahmen dieser Arbeit nicht implementiert.

Die folgenden Algorithmen zur Berechnung der Delaunay-Triangulierung im 2D verwenden im wesentlichen zwei Grundoperationen: das Bestimmen, ob ein Punkt p im Umkreis eines Dreiecks liegt, und das Bestimmen, ob ein Punkt p links oder rechts bzgl. einer durch zwei Punkten p_1 und p_2 bestimmten, auf den linken Halbraum gerichteten Geraden liegt oder ob die drei Punkte p, p_1 und p_2 kollinear sind. Beim letzten Test, dem Halbraumtest, wird der Punkt p in die Geradengleichung der Geraden durch p_1 und p_2 eingesetzt. Ist das Ergebnis negativ, dann liegt p rechts der Geraden, bei positivem Ergebnis links, und bei 0 sind die Punkte p, p_1 und p_2 kollinear. Die Geradengleichung $ax + by + c = 0$ besteht aus der Normalen (a, b), die in den linken Halbraum zeigt, und dem Abstand c der Geraden zum Ursprung. Die Normale (a, b) wird durch die Inversion einer 2x2-Matrix bestimmt. Durch Gleitkommafehler bei der Matrix-Inversion kann es passieren, daß anstatt der Geradengleichung von $\overrightarrow{p_1 p_2}$ die Geradengleichung einer leicht verschobenen Geraden bestimmt wird, was zur Folge hat, daß der Halbraumtest jetzt bzgl. der neuen Geraden durchgeführt wird, vgl. Abbildung 1.5. Analog muß bei den dreidimensionalen Algorithmen zum Halbraumtest eine Ebenengleichung bestimmt werden. Dabei muß eine 3x3-Matrix invertiert werden. Die Fehler, die hierbei auftreten können, sind weitaus gravierender als bei der Bestimmung einer Geradengleichung im $\mathbb{R}^2$. Dies hat zur Folge, daß die dreidimensionalen Algorithmen weniger robust sind, als die zweidimensionalen.

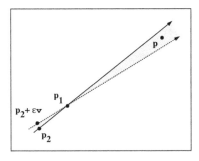 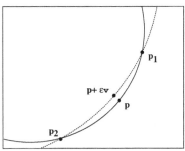

Abbildung 1.5: Durch Fehler bei der Be- Abbildung 1.6: Durch Fehler bei der Bestimmung der Geradengleichung der Ge- stimmung der Determinante wird der
raden l wird der Halbraumtest an der Ge- Umkreistest an einem weitaus größeren
raden l' durchgeführt. Bei allen Punkten Umkreis durchgeführt. Kleine Änderun-
p im Gebiet zwischen l und l' (grau unter- gen (Verschiebung von p um $\epsilon v, \epsilon \ll$
legt) wird der Halbraumtest ein falsches $1, v \in \mathbb{R}^2$) führen zu großen Änderungen
Ergebnis liefern.   des Umkreisradius.

Auch beim Umkreistest gibt es numerisch instabile Fälle. Hierbei wird die Determinante einer 4x4-Matrix (Korollar 1.62) bestimmt. Analog wird bei den dreidimensionalen Algorithmen die Determinante einer 5x5-Matrix berechnet. Extremfälle im
$\mathbb{R}^2$, bei denen der Umkreistest falsche Ergebnisse liefern kann, sind Konstellationen,
bei denen die drei Punkte des zu testenden Dreiecks fast kollinear sind. Eine winzige
Verschiebung (mindestens) einer dieser drei Punkte ergibt eine große Änderung des
Umkreisradius, vgl. Abbildung 1.6. Das bedeutet, daß man in diesen Extremfällen
häufig nicht korrekt entscheiden kann, ob ein Punkt im Umkreis des Dreiecks liegt
oder nicht. Es hat sich gezeigt, daß die Berechnung der Determinate mit Korollar
1.62 weitaus stabiler ist als das Berechnung der Umkreismittelpunkts und des Umkreisradius, vgl. Abschnitt 1.2.2 und anschließendem Einsetzen des Punktes in die
berechnete Kreisgleichung. Bei der Auswertung der Determinante kann mit Gauß-
Elimination und Pivotisierung eine erhebliche Verbesserung der Stabilität des Um-
kreistests erreicht werden.

Kapitel 2

Die Algorithmen

Es gibt unterschiedliche Art und Weisen, die zweidimensionale und dreidimensionale Delaunay-Triangulierung zu berechnen. Im wesentlichen können die Algorithmen in fünf Klassen zusammengefaßt werden, die verschiedenen Programmiertechniken zugrunde liegen. Es folgt eine kleine Übersicht der Klassen und den Algorithmen, vgl. [Aur91].

Der **Flipping**-Algorithmus startet mit einer beliebigen zweidimensiobalen Triangulierung und konvertiert diese durch Kantentauschen jeweils zweier benachbarter Dreiecke in die Delaunay-Triangulierung (Technik: *local-optimization*).

Der **inkrementelle Einfüge**-Algorithmus startet mit einem Startsimplex (Dreieck oder Tetraeder) und fügt nacheinander Punkte in einer zufällig gewählten Reihenfolge in die Triangulierung ein (Technik: *random-incremental*). Implementierte Beschleunigungsstrukturen zur Verbesserung des Lokalisierungsproblems sind der Quadtree bzw. Octree und der Delaunaybaum.

Die **Incremental-Construction**-Algorithmen benutzen die Umkreis-Eigenschaft, um neue Dreiecke bzw. Tetraeder an eine bereits bestehende Triangulierung anzubauen. Ein Vertreter dieser Klasse ist der Plane-Sweep-Algorithmus (Technik: *plane-sweep*). Ein weiterer Algorithmus aus dieser Klasse sucht zu einer Kante bzw. einer Dreiecksfläche den dritten bzw. vierten Punkt. Diese Suche kann mit einem regelmäßigen Gitter oder einer spärliche Matrix verbessert werden.

Der **Higher-dimension-embedding**-Algorithmus transformiert die Punkte in die nächsthöhere Dimension und berechnet die konvexe Hülle der transformierten Punkte. Die Delaunay-Triangulierung entsteht durch Projektion der erhaltenen konvexen Hülle zurück in die ursprüngliche Dimension, vgl. Lemma 1.60.

Der **Divide-and-Conquer**-Algorithmus basiert auf rekursiver Zerlegung, lokaler Triangulierung der Punktmenge und schließlich auf einer Merging-Phase, wo die lokalen Triangulierungen zusammengefügt werden. Der klassische D&C-Algorithmus für die Delaunay-Triangulierung wurde nicht implementiert, stattdessen der 2D- und 3D-Delaunay-Wall-Algorithmus, ein D&C-Algorithmus mit besseren Eigenschaften.

2.1 Der Flipping-Algorithmus

Die lokale Optimierungsmethode ist eine wichtige Technik, um die Güte einer Triangulierung zu verbessern [Law77]. Im $\mathbb{R}^2$ wird eine Kantentausch-Operation auf ein konvexes Viereck, das aus zwei benachbarten Dreiecken besteht, angewandt, in dem die Diagonale des Vierecks durch die andere Diagonale ausgetauscht wird. Ein solcher Kantentausch, auch Flippen genannt, wird nur dann vollzogen, wenn sich dadurch die Güte der Triangulierung verbessert. Als Gütefunktion können unterschiedliche Kriterien wie z.b. Winkel oder der Flächeninhalt verwendet werden. Bei der Berechnung der Delaunay-Triangulierung wird als Gütefunktion das Umkreis-Kriterium gewählt. Damit entsteht der einfachste Algorithmus zur Berechnung der Delaunay-Triangulierung im $\mathbb{R}^2$ [Sib73]. Er startet mit einer beliebigen Triangulierung und führt diese durch Tauschen der Diagonalen jeweils zweier benachbarter Dreiecke in die Delaunay-Triangulierung über.

Dazu müssen sämtliche Paare von zwei benachbarten Dreiecken auf die lokale Delaunay-Eigenschaft, vgl. die Lemmas 1.53 und 1.54, untersucht werden. Falls bei einem solchen Paar $\Delta(p_i p_j p_k)$ und $\Delta(p_i p_k p_l)$ diese Eigenschaft nicht erfüllt ist, muß die gemeinsame Kante $p_i p_k$ dieses Paares durch die Kante $p_j p_l$ ersetzt werden. Das bedeutet eine Ersetzung der Dreiecke $\Delta(p_i p_j p_k)$ und $\Delta(p_i p_k p_l)$ durch die Dreiecke $\Delta(p_i p_j p_l)$ und $\Delta(p_j p_k p_l)$ in der Triangulierung. Leider sind diese beiden neuen Dreiecke noch nicht unbedingt in der Delaunay-Triangulierung enthalten. Durch das Flippen kann sich die lokale Delaunay-Eigenschaft zu den Nachbardreiecken, die an das Viereck angrenzen, ändern. Das heißt, daß die neuen vier Dreieckspaare ebenfalls auf die lokale Delaunay-Eigenschaft untersucht und gegebenfalls geflippt werden müssen.

In der Implementation des Algorithmus stellt eine Warteschlange sicher, daß alle Paarungen von Dreiecken betrachtet werden. In diese Warteschlange sind die gemeinsamen Kanten, deren beiden angrenzenden Dreiecke zueinander nicht lokal Delaunay sind, eingetragen. Jedes Element der Warteschlange muß abgearbeitet werden. Geflippt wird solange, bis die Warteschlange leer ist.

Um zu erklären, daß die Warteschlange leer wird und der Algorithmus terminiert, muß man den Algorithmus im $\mathbb{R}^3$ betrachten. Eine Triangulierung T in $\mathbb{R}^2$ wird durch die Abbildung $\lambda : \mathbb{R}^2 \to \mathbb{R}^3$ mit $\lambda((x,y)) = (x, y, x^2 + y^2)$ zu einer Triangulierung $\lambda(T)$ transformiert, die auf einem Paraboloiden Λ liegt. Seien die beiden Dreiecke $\Delta_1 = \Delta(a,b,c)$ und $\Delta_2 = \Delta(a,c,d)$ mit $\Delta_1, \Delta_2 \in T$ nicht lokal Delaunay, dann wird ein Beobachter, der von der negativen z-Achse auf den Paraboloiden Λ schaut, erkennen, daß die beiden $\lambda(\Delta_1) = \Delta(\lambda(a), \lambda(b), \lambda(c))$ und $\lambda(\Delta_2) = \Delta(\lambda(a), \lambda(c), \lambda(d))$ zueinander einen konkaven Winkel bilden. Durch Tauschen der Diagonalen entsteht eine neue Triangulierung $\lambda(T^*)$ mit den zwei neuen Dreiecken $\lambda(\Delta_3) = \Delta(\lambda(a), \lambda(b), \lambda(d))$ und $\lambda(\Delta_4) = \Delta(\lambda(b), \lambda(c), \lambda(d))$, die nun einen konvexen Winkel zueinander bilden. Der Unterschied zwischen $\lambda(T)$ und $\lambda(T^*)$ besteht im wesentlichen aus dem Tetraeder $\Delta(\lambda(a), \lambda(b), \lambda(c), \lambda(d))$. $\lambda(T^*)$ entsteht aus $\lambda(T)$ durch Ersetzen der "inneren" Randflächen des Tetraeders durch die "äußeren", von unten sichtbaren Randflächen. Im besonderen liegt die Kante $\lambda(a)\lambda(c)$ oberhalb von $\lambda(T^\star)$, und über jeder anderen nachfolgend geflippter Triangulierung. Daher wird die Kante ac niemals in einem nachfolgenden Schritt des Algorithmus wieder erscheinen. Da es im ganzen $\binom{n}{2}$ mögliche Kanten zwischen n Vertices gibt, beträgt die Anzahl der Kantentausch-Operationen höchstens $\binom{n}{2} = \frac{n(n-1)}{2}$. Damit besitzt der Flipping-Algorithmus im ungünstigsten Fall eine quadratische Laufzeit $O(n^2)$. Die Abbildung 2.1 zeigt ein Beispiel einer Triangulierung, bei der $O(n^2)$ Kantentausch-Operationen benötigt werden, um sie in eine Delaunay-Triangulierung zu konvertieren.

Algorithmus: *flipping()*
Eingabe: eine beliebige Triangulierung $T(P)$.
Ausgabe: die Delaunay-Triangulierung $DT(P)$.

- Initialisiere die Warteschlange EQ mit den gemeinsamen Kanten aller Dreieckspaare, die nicht lokal Delaunay sind.

- Bearbeite jeweils das oberste Element e von EQ solange, bis EQ leer ist:

  - Bestimme die an e benachbarten Dreiecke $\Delta_1 = \Delta(p_i p_j p_k)$ und $\Delta_2 = \Delta(p_i p_k p_l)$.

  - Entferne alle Dreieckspaare aus EQ, die die Dreiecke Δ_1 und Δ_2 enthalten.

  - Setze $T(P) = (T(P)\backslash\{\Delta_1, \Delta_2\}) \cup \{\Delta(p_i p_j p_l), \Delta(p_j p_k p_l)\}$.

  - Untersuche die neuen Dreiecken $\Delta(p_i p_j p_l)$ bzw. $\Delta(p_j p_k p_l)$ mit den an den Kanten $p_i p_j$ und $p_i p_l$ bzw. $p_j p_k$ und $p_k p_l$ angrenzenden Nachbardreiecken auf die lokale Delaunay-Eigenschaft. Trage diese gegebenenfalls in EQ ein.

Da der Flipping-Algorithmus als Eingabe eine beliebigen Triangulierung benötigt, wird im folgenden ein einfacher Triangulierungsalgorithmus vorgestellt. Eine einfache Art und Weise, eine beliebige Start-Triangulierung von P zu erhalten, ist das schrittweise Hinzufügen der Punkte an die Triangulierung. Dafür werden die Punkte aufsteigend in x-Richtung sortiert. Neue Dreieke entstehen durch Verbinden des Punktes p_i mit allen von p_i sichtbaren Randkanten der Triangulierung $T(\{p_0, \ldots, p_{i-1}\})$. Da aufgrund der Sortierung p_{i-1} von p_i immer sichtbar ist, kann bei der Bestimmung der sichtbaren Kanten bei p_{i-1} begonnen werden. Zuerst bewegt man sich in eine Richtung dem Rand der Triangulierung entlang, bis eine von p_i 'unsichtbare' Kante gefunden wird, anschließend bewegt man sich beginnend bei p_{i-1} in die andere Richtung. Da es im schlechtesten Falle $O(n)$ sichtbare Randkanten geben kann, besitzt dieser Triangulierungsalgorithmus eine quadratische Komplexität.

Auf den ersten Blick scheint es, daß der Flipping-Algorithmus auf höhere Dimensionen übertragen werden kann. Allerdings gibt es zwei mögliche Tetraedrisierungen von fünf Punkten im $\mathbb{R}^3$. Mit fünf Punkten kann erstens eine Tetraedrisierung mit

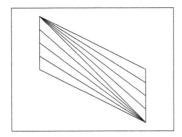 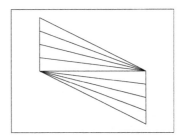

Abbildung 2.1: Triangulierung mit worst-case-Verhalten: $O(n^2)$ Kantentausch-Operationen sind nötig, um aus der linken Triangulierung die Delaunay-Triangulierung im rechten Bild zu erhalten.

zwei Tetraedern gebildet werden, die eine gemeinsame Dreiecksfläche besitzen. Zweitens können mit fünf Punkten drei Tetraeder gebildet werden, die eine gemeinsame Kante besitzen, vgl. Abbildung 1.1 auf Seite 10. Das Flippen im $\mathbb{R}^3$ besteht also nicht mehr aus einer Kantentausch-Operation wie im $\mathbb{R}^2$, sondern im Tausch einer Dreiecksfläche mit einer Kante bzw. im Ersetzen von zwei Tetraedern durch drei Tetraedern, und andersrum. Somit können in einer Triangulierung zwei benachbarte Tetraeder in einer Triangulierung existieren, die nicht lokal Delaunay sind und deren Vereinigung nicht konvex ist. Eine Lösung dieses Problem scheint also in der zusätzlichen Betrachtung von Dreieckstripeln zu bestehen. Leider gibt es Nicht-Delaunay-Triangulierungen im $\mathbb{R}^3$, auf die kein einziger Flip angewendet werden kann. Damit kann es im $\mathbb{R}^3$ keinen Flipping-Algorithmus (dieser Art) geben.

2.2   Der Plane-Sweep-Algorithmus

Bei der allgemeinen Plane-Sweep-Methode werden geometrische Objekte in der Ebene dadurch bestimmt, daß auf einer zu der x-Achse parallelen Geraden Ereignisse der Objekte, wie zum Beispiel Schnittpunkte, berechnet werden. Bewegt sich nun diese Gerade, die Sweep-Line, auf der Ebene nach oben oder unten, so erhält man bestimmte Informationen über die Objekte im von der Sweep-Line überstrichenen Bereich. Die Sweep-Line kann sich auch parallel zur y-Achse nach rechts oder nach links bewegen. Äquivalent dazu bewegt sich im $\mathbb{R}^3$ bei der Space-Sweep-Methode eine Sweep-Plane durch den Raum.

Delaunay-Triangulierungen und Voronoi-Diagramme können mit der Plane-Sweep-Methode berechnet werden [For87]. Bei der Berechnung der Delaunay-Triangulierung liefert die Sweep-Line beim Überstreichen Informationen über die Geometrie der Triangulierung, dabei reicht es aus, nur bestimmte Positionen der Sweep-Line zu betrachten. Die zwei Ereignisse, die beim Bewegen der Sweep-Line über das Triangulierungsgebiet eintreten können, sind das Einfügen eines Punktes und das Einfügen einer Kante in die Triangulierung, vgl. Abbildungen 2.2 und 2.3

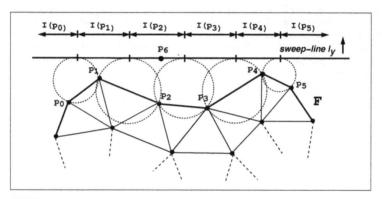

Abbildung 2.2: Ereignis 1: ein neuer Punkt p_6 wird in die Triangulierung eingebaut. Da p_6 in $I(p_2)$ liegt, wird p_6 mit p_2 verbunden.

Im folgenden sei l_y die Sweep-Line parallel zur x-Achse und bewege sich in positiver y-Richtung nach oben. Sei außerdem y_{min} die minimalste y-Koordinate aller Punkte aus P und sei die Sweep-Line auf einer y-Koordinate mit $y > y_{min}$ positioniert. Dann kann für jeden Punkt $x \in l_y$ auf der Sweep-Line ein Kreis C_x mit Tangente l_y im Punkt x ähnlich einer Seifenblase in Richtung der negativen y-Richtung nach unten wachsen. Irgendwann trifft diese Seifenblase auf einen Punkt p_i aus P. Da alle Punkte, die auf den gleichen Punkt p_i treffen, ein zusammenhängendes Intervall $I_y(p_i)$ auf der Sweep-Line bilden, teilt sich die Sweep-Line in eine Menge von Intervallen $I_y(p_{i_0}), I_y(p_{i_1}), \ldots, I_y(p_{i_m})$ auf, wobei jeder Punkt genau zu einem Intervall gehört. Die Seifenblase, die im Grenzpunkt x zwischen den beiden Intervallen $I_y(p_i)$

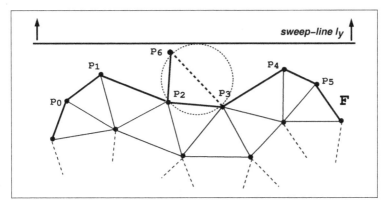

Abbildung 2.3: Ereignis 2: eine neue Kante p_3p_6 wird in die Triangulierung eingebaut. Der Umkreis von $\Delta(p_2p_3p_6)$ berührt die Sweep-Line.

und $I_y(p_j)$ die Sweep-Line berührt, trifft zur gleichen Zeit auf die Punkte p_i und p_j. Da es nun nach dem Lemma 1.52 einen Kreis durch die Punkte p_i und p_j gibt, in dem kein weiterer Punkt aus P liegt (wegen der Berührung der Seifenblase mit der Sweep-Line), ist die Kante p_ip_j eine Delaunay-Kante. Die Folge von Intervallen impliziert also einen Pfad von Delaunay-Kanten $F = p_{i_0}p_{i_1}, p_{i_1}p_{i_2}, \ldots, p_{i_{m-1}}p_{i_m}$, der den Rand der bereits berechneten Delaunay-Dreiecken und -Kanten bildet, vgl. Abbildung 2.2. Ein Punkt kann beliebig oft in F vorkommen, wohingegen eine Kante höchstens zweimal in F erscheinen darf.

Bewegt sich nun l_y nach oben in positiver y-Richtung, dann ändern sich die Intervalle, sie werden größer oder kleiner, oder können sogar ganz verschwinden. An der Stelle $\bar{y}$, an der ein solches Intervall verschwindet, wird $l_{\bar{y}}$ die Tangente des Umkreises von drei Punkten p_i, p_j und p_k, die zwei aufeinanderfolgende Delaunay-Kanten p_ip_j und p_jp_k im Pfad F bilden. Nach den Lemmas 1.52 und 1.50 bedeutet diese Situation, daß die Kante p_ip_k eine Delaunay-Kante und das Dreieck $\Delta(p_ip_jp_k)$ ein Delaunay-Dreieck ist. Im Pfad F werden nun die Kanten p_ip_j und p_jp_k durch die Kante p_ip_k ersetzt.

Trifft die Sweep-Line l_y auf einen Punkt q aus P und liegt q im Intervall $I_y(p_j)$, dann ist die Kante qp_j eine Delaunay-Kante. Wenn sich die Sweep-Line weiter nach oben bewegt, dann entsteht ein neues Intervall $I_y(q)$. Der Pfad F muß also an die neue Situation angepaßt werden, indem die Kanten p_ip_j und p_jp_k im Pfad F durch die Sequenz der Kanten p_ip_j, p_jq, qp_j und p_jp_k ersetzt werden.

In der Implementation besteht der Plane-Sweep-Algorithmus aus zwei Datenstrukturen, dem Pfad F und der Ereigniswarteschlange EQ, und aus der Bearbeitung dieser beiden Ereignisse. In die Ereigniswarteschlange werden alle Ereignisse sortiert bzgl. der y-Koordinate eingetragen. Zu Beginn startet die Sweep-Line bei $y = y_{min}$, die Warteschlange enthält alle Punkte aus P, und der Pfad F besteht nur aus dem ersten Punkt. Die Sweep-Line springt im Laufe des Algorithmus auf die y-Koordinate des Ereignisses der nächsthöheren Priorität der Warteschlange. Die y-Koordinaten der Punkte bilden die Prioritäten der Warteschlange, die mittels der Heap-Datenstruktur (oder einem ausgeglichenen Suchbaum) implementiert ist. Weitere Ereignisse der Prioritätswarteschlange sind die obersten Kreispunkte sämtlicher Kreise durch die Endpunkte zweier aufeinanderfolgender Kanten $p_i p_j$ und $p_j p_k$, die einen konkaven Winkel bilden. Die Priorität eines solchen Ereignisses ist die y-Koordinate dieses Kreispunktes. Durch das Einfügen eines weiteren Punktes p_l und Verbinden dieses Punktes mit p_j wird dieses Ereignis wieder ungültig, weil p_l dann im Dreieck $\Delta(p_i p_j p_k)$ liegt. Als Folge muß dieses Ereignis aus der Ereignis-Warteschlange entfernt und die beiden neuen Ereignisse, die obersten Umkreispunkte der Dreiecke $\Delta(p_i p_j p_l)$ und $\Delta(p_l p_j p_k)$ eingefügt werden.

Ein weiterer wichtiger Schritt im Algorithmus ist die Bestimmung des Intervalls, zu dem ein einzufügender Punkt gehört. Da sich die Intervalle ändern, ist es notwendig, den Pfad F abzusuchen und die Intervalle neu zu berechnen. Dabei ist die naheliegende Realisierung des Pfades F als verkettete Liste nicht ausreichend. In der Implementation werden zusätzlich zu der verketteten Liste alle Punkte des Pfades, die von der Sweep-Line aus sichtbar sind, in einen ausgeglichenen Suchbaum (z.B. AVL-Baum), der die Elemente bzgl. der x-Koordinate sortiert, eingetragen. Außerdem ist eine Funktion auf dem Suchbaum zur Verfügung gestellt, die zu einem gegebenen Punkt den linken oder rechten Nachbarn des Punktes mit der nächstkleineren bzw. nächstgrößeren x-Koordinate bestimmen kann. Beim Einfügen des Punktes q kann mittels dieser Funktion ein Punkt q_n gefunden werden, der noch nicht unbedingt der gesuchte Punkt q_r sein muß, aber ganz in der Nähe von q_r liegt. q_r kann jetzt ziemlich schnell gefunden werden, indem nun entweder nach links oder nach rechts dem Pfad entlang gesucht wird. Die Richtung, in die gesucht wird, wird durch das Intervall $I_y(q_n)$ bestimmt, das hier explizit berechnet werden muß. Liegt q links von $I_y(q_n)$, dann wird im Pfad F nach links gegangen, falls q rechts liegt, nach rechts. Die explizite Berechnung der Intervalle auf der Sweep-Line ist aufwendig und für einige Fälle numerisch instabil. Daher ist es nicht sehr geschickt, beim Weitersuchen diese Berechnung zu benutzen. Ist die Richtung, in die weitergesucht werden muß, einmal bekannt, so reicht zum Glück eine weitaus numerisch stabilere und weniger aufwendige Berechnung aus: Suche solange in die berechnete Richtung, bis der gerade betrachtete Punkt q_i mit q eine Delaunay-Kante bildet. Dies kann geprüft werden, indem ein Kreis durch q und q_i bestimmt wird, der die Sweep-Line in q berührt. Es reicht aus, den linken und den rechten Nachbar auf Enthaltensein im Kreis zu untersuchen. Liegt ein Nachbar in diesem Kreis, dann ist nach Lemma 1.52 die Kante $q q_i$ keine Delaunay-Kante. Dieser Kreis kann sehr einfach berechnet werden, da der Mittelpunkt der Schnittpunkt der Mittelsenkrechten von $q_i q$ und der senkrechten Geraden durch q ist, vgl. Abbildung 2.4.

Wurde allerdings wegen der numerisch instabilen Berechnung der Intervalle die Richtung falsch berechnet, so wird der Pfad F bis zum Ende der einen Richtung erfolglos durchsucht. Um jetzt doch noch den richtigen Punkt q_r zu finden, wird bei q_n die Suche in die andere Richtung begonnen, die diesmal erfolgreich ist. Diese Situation wird allerdings im Vergleich zu der Gesamtzahl aller Suchschritte relativ selten auftreten. Mit diesem Trick erhält man eine sehr stabile Berechnung des richtigen Punktes, die einen Suchbaum benützt und in $O(\log n)$ ausgeführt werden kann. Die

Berechnung des Intervalls wird nun auf das Umkreiskriterium zurückgeführt, so daß der Gesamtalgorithmus in etwa die gleiche Robustheit wie die anderen Triangulierungsalgorithmen erhält.

Algorithmus: *planesweep()*
Eingabe: Punktmenge P.
Ausgabe: Delaunay-Triangulierung von P

- Sortiere P bzgl. der y-Koordinate und initialisiere die Prioritätswarteschlange EQ mit den Ereignissen $p_i \in P, i \geq 2$. Die Priorität dieser Ereignis sei die y-Koordinate.

- Initialisiere F mit dem Punkt p_{min} mit der y-Koordinaten y_{min}.

- Setze $DT = \emptyset$.

- Bearbeite die Ereignisse der Warteschlange, bis diese leer ist. Setze die Sweep-Line auf die Priorität y des aktuellen Ereignisses e.

  - Falls Ereignis e ein Punkt p ist:
    1. Bestimme die Delaunay-Kante pp_j mit $p_j \in F$. Ersetze in F die Sequenz der Kanten $p_i p_j$ und $p_j p_k$ durch die Sequenz $p_i p_j$, $p_j p$, pp_j und $p_j p_k$.
    2. Falls das Ereignis $\Delta(p_i p_j p_k) \in EQ$, dann entferne dieses aus EQ.
    3. Falls die Kanten $p_i p_j$ und $p_j p$ bzw. die Kanten pp_j und $p_j p_k$ einen konkaven Winkel bilden, so trage $\Delta(p_i p_j p)$ bzw. $\Delta(pp_j p_k)$ als neue Ereignisse in die Prioritätswarteschlange EQ ein. Die Priorität ist der oberste Punkt des Umkreises des jeweilgen Dreiecks.

  - Falls Ereignis e ein Dreieck $\Delta(p_i p_j p_k)$ ist:
    1. Setze $DT = DT \cup \{\Delta(p_i p_j p_k)\}$.
    2. Ersetze in F die Sequenz $p_h p_i$, $p_i p_j$, $p_j p_k$ und $p_k p_l$ durch die Sequenz $p_h p_i$, $p_i p_k$ und $p_k p_l$.
    3. Falls das Ereignis $\Delta(p_h p_i p_j) \in EQ$, dann entferne dieses aus EQ.
    4. Falls das Ereignis $\Delta(p_j p_k p_l) \in EQ$, dann entferne dieses aus EQ.
    5. Falls die Kanten $p_h p_i$ und $p_i p_k$ bzw. die Kanten $p_i p_k$ und $p_k p_l$ einen konkaven Winkel bilden, so trage $\Delta(p_h p_i p_k)$ bzw. $\Delta(p_i p_k p_l)$ in die Prioritätswarteschlange EQ ein. Die Priorität ist der oberste Umkreispunkt.

Die Anzahl der Ereignisse ist gleich der Anzahl der Punkte plus der Anzahl der Delaunay-Dreiecke, d.h. insgesamt wird es in der Warteschlange $O(n)$ Ereignisse geben, die betrachtet werden müssen. Bei der Bearbeitung eines Ereignisses wird jeweils eine konstante Anzahl von Operationen auf dem Pfad und auf der Warteschlange ausgeführt. Benutzt man nun eine Heap-Datenstruktur für die Ereigniswarteschlange, die in $O(\log n)$ Zeit ein Ereignis einfügen bzw. entfernen kann, und außerdem einen ausgeglichenen Suchbaum für die Suche im Pfad F, so kann die Delaunay-Triangulierung von n Punkten mit dem Plane-Sweep-Algorithmus in $O(n \log n)$ Zeit berechnet werden.

Space-Sweep-Algorithmus

Im $\mathbb{R}^3$ kann entsprechend ein Space-Sweep-Algorithmus zum Berechnen der Delaunay-Triangulierung einer dreidimensionalen Punktmenge entwickelt werden. Auch hier gibt es wieder einen 'Pfad' F_z mit den Delaunay-Facetten (Delaunay-Kanten, -Dreiecken und -Tetraedern), deren Umkugeln die Sweep-Plane berühren. Allerdings ist diese Struktur nicht mehr linear wie im $\mathbb{R}^2$, sie hat vielmehr die Struktur einer Ebene, was die Realisierung erheblich erschwert. Weiterhin gibt es jetzt ein weiteres zusätzliches Ereignis: neben dem Einfügen von Punkten und Kanten das Bestimmen von Tetraedern aus zwei benachbarten Dreiecken $\Delta(p_i p_j p_k)$ und $\Delta(p_i p_j p_l)$, wobei die Umkugel des Tetraeder $\Delta(p_i p_j p_k p_l)$ die Sweep-Plane berührt. Das Bearbeiten des zweiten Ereignisse, das Berechnen von Delaunay-Dreiecken aus zwei benachbarten Delaunay-Kanten, besitzt quadratische Komplexität und ist relativ schwer zu implementieren. Denn jeder Punkt von F_z besitzt im ungünstigsten Fall maximal $O(n)$ inzidente Delaunay-Kanten und daher gibt es insgesamt $O(n^2)$ Kombinationen zweier solcher inzidenten Kanten, die jeweils ein Delaunay-Dreieck bilden können.

Im allgemeinen besitzen alle Space-Sweep-Algorithmen mindestens eine quadratische Komplexität für den ungünstigsten Fall unabhängig von der Komplexität der zu bearbeitenden Probleme. Da später Algorithmen mit besseren Komplexitäten vorgestellt werden und diese wesentlich leichter zu implementieren sind, wurde vorerst auf eine Implementierung des Space-Sweep-Algorithmus verzichtet.

Die Komplexität des Space-Sweep-Algorithmus, der die Delaunay-Triangulierung im $\mathbb{R}^3$ berechnet, liegt im ungünstigsten Fall bei $O(n^2 \log n^2) = O(n^2 \log n)$, da die Anzahl der Ereignisse der Prioritätswarteschlange maximal $O(n^2)$ betragen kann.

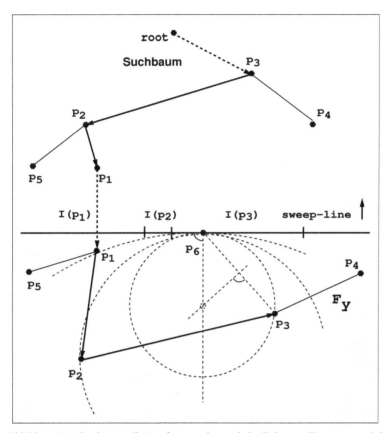

Abbildung 2.4: Punkt p_6 soll eingefügt werden und die Delaunay-Kante $p_6 p_3$ wird bestimmt, in dem im Suchbaum p_6 eingefügt wird. p_1 ist der letzte Knoten im Baum und liegt damit in der Nähe von p_6. Da p_6 rechts vom Intervall $I(p_1)$ liegt, wird ausgehend von p_1 nach links auf dem Pfad F gesucht. Dabei werden die Punkte p_1, p_2 und p_3 auf die Delaunay-Kanten-Eigenschaft getestet. Dabei werden jeweils die Kreise durch p_6 und $p_i, i = 1, 2, 3$ bestimmt. Alle Mittelpunkte dieser Kreise liegen auf der zu l_y senkrechten Geraden durch p_6.

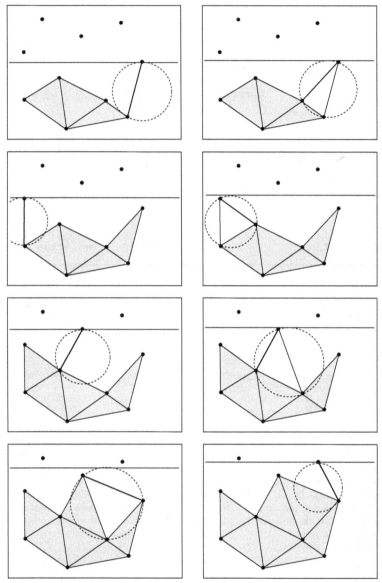

Abbildung 2.5: Triangulierung einer Datenmenge mittels des Plane-Sweep-Algorithmus

2.3 Der Einfüge-Algorithmus

Ein sehr wichtiger Algorithmus zur Berechnung der Delaunay-Triangulierung ist das inkrementelle Einfügen von Punkten [Wat81] [FP88]. In eine Starttriangulierung, die zum Beispiel aus einem Dreieck von drei nicht linearen Punkten $p_{i_0}, p_{i_1} p_{i_2} \in P$ bestehen kann, werden schrittweise sämtliche Punkte $p_i \in P \backslash \{p_{i_0}, p_{i_1}, p_{i_2}\}$ eingefügt, um schließlich die Delaunay-Triangulierung $DT(P)$ zu erhalten. Ein Vorteil dieses Algorithmus besteht darin, daß zu Beginn der Berechnung nicht alle Punkte bekannt sein müssen. Bei vielen Anwendungen ist dies insbesondere dann wichtig, wenn eine gegebene Triangulierung $DT(P)$ im Nachhinein durch Hinzufügen weiterer Punkte, die vor Beginn der Berechnung von $DT(P)$ noch nicht bekannt waren, verfeinert werden soll. Als Beispiel für eine Anwendung sei hier die adaptive Approximation von parametrisierten Flächen durch eine Delaunay-Triangulierung genannt. Beim Einfügen eines Punktes p in eine Delaunay-Triangulierung muß darauf geachtet werden, daß diese eine Delaunay-Triangulierung bleibt. Es folgen ein paar Sätze und Lemmas über das beeinflußte Gebiet von einzufügenden Punkten.

Definition 2.1 (Beeinflußtes Gebiet und beeinflußtes Polygon)
Gegeben sei eine Delaunay-Triangulierung $DT(P)$ und ein Punkt $p \notin P$. Die Menge aller Dreiecke der Triangulierung $DT(P)$, in deren Umkreis p liegt, heißt das von p beeinflußte Gebiet I_p. Der Rand dieses Gebietes heißt beeinflußtes Polygon Q_p. Die Dreiecke des beeinflußten Gebiet heißen von p beeinflußt.

Lemma 2.2 *Das beeinflußte Gebiet I_p bzgl. des Punktes p ist sternförmig (star-shaped) bzgl. p, d.h. p kann mit jedem Punkt des beeinflußten Polygons Q_p durch ein geradenes Liniensegment verbunden werden, das innerhalb von Q_p liegt.*

Bemerkung 2.3 *Das Einfügen eines neuen Punktes in eine Delaunay-Triangulierung $DT(P)$ ist lokal, d.h. es werden nur diejenigen Dreiecke modifiziert, die zum beeinflußten Gebiet gehören.*

Lemma 2.4 *Die Punkte aller beeinflußten Dreiecke liegen auf Q_p.*

Daß sämtliche Punkte der beeinflußten Dreiecke auf dem Polygon Q_p liegen, kann man sich klarmachen, wenn man das duale Voronoi-Diagramm betrachtet. Läge nämlich ein solcher Punkte im Innern des beeinflußten Gebietes, dann würde dies für diesen Punkt im Voronoi-Diagramm bedeuten, daß seine Region verschwindet. Im Voronoi-Diagramm besitzt aber jeder Generator eine nichtleere Region. Die Sternförmigkeit des beeinflußten Gebietes folgt direkt aus der Konvexität der Voronoi-Regionen.

Satz 2.5 *Für die Triangulierung $DT(I_p)$ des beeinflußten Gebietes I_p, auch Retriangulierung genannt, gilt:*

$$DT(I_p) = \{\Delta(p_i, p_j, p) \mid (p_i, p_j) \text{ Kante von } Q_p\}$$

Für die Gesamt-Triangulierung $DT(P \cup \{p\})$, die durch Einfügen des Punktes p entsteht, gilt:

$$DT(P \cup \{p\}) = DT(P) \cup DT(I_p) - I_p$$

Die neue Delaunay-Triangulierung $DT(P \cup \{p\})$ erhält man also, indem man alle beeinflußten Dreiecke aus $DT(P)$ entfernt und anschließend die Vereinigung der restlichen Triangulierung mit der Triangulierung des beeinflußten Gebietes bildet. Diese Retriangulierung kann durch Verbinden aller Kanten $e_i \in Q_p$ mit p bestimmt werden, vgl. Abbildungen 2.6 und 2.7.

Bestimmung des beeinflußten Gebietes

Verwendet man für die Delaunay-Triangulierung eine Datenstruktur mit Nachbarschaftsinformationen, dann kann die Bestimmung des beeinflußten Gebietes auf die Suche des Dreiecks reduziert werden, das p enthält. Ausgehend von diesem Dreieck t können dann über die Nachbarschaftsinformationen alle weiteren beeinflußten Dreiecke bestimmt werden. Der folgende Algorithmus setzt eine Datenstruktur für die Triangulierung voraus, bei der jedem Dreieck seine drei Nachbarn bekannt sind. Ein Stapel von aktiven Kanten AEL (active edge list), der zu Beginn mit den drei Kanten des gefundenen Startdreiecks t initialisiert wird, hält sich alle zu betrachtenden Kanten und damit indirekt die an diese Kante anliegenden Nachbardreiecke. Bei der Bestimmung der Retriangulierung müssen die Nachbarschaftsbeziehungen aktualisiert werden. Die Nachbarschaftsbeziehungen zwischen den Dreiecken der Retriangulierung sind bereits bekannt, wenn dafür gesorgt wird, daß bei der Bestimmung der neuen retriangulierten Dreiecke die Kanten in der Reihenfolge des beeinflußten Polygons abgearbeitet werden. Die Beziehungen zu den außerhalb des beeinflußten Gebietes liegenden Dreiecken werden dadurch erhalten, indem in den Kanten des beeinflußten Polygons Informationen über angrenzende Nachbardreiecke gespeichert werden.

Algorithmus: *insertPoint()*
Eingabe: Delaunay-Triangulierung $DT(P)$ und Punkt $p \notin P$, der innerhalb der Triangulierung $DT(P)$ liegt.
Ausgabe: Delaunay-Triangulierung $DT(P \cup \{p\})$.

- Bestimme das Dreieck t, das p enthält.

- Schiebe die drei Kanten von t auf einen Stapel AEL (activ edge list). Initialisiere $I_p = \{t\}$ und $Q_p = \emptyset$.

- Bearbeite jeweils die oberste Kante des Stapels AEL, solange bis AEL keine Kante mehr enthält.

  – Falls e eine Randkante der Triangulierung ist, setze $Q_p = Q_p \cup \{e\}$

  – Falls e keine Randkante, dann untersuche, ob p im Umkreis des an e benachbarten Dreiecks s enthalten ist. Falls p im Umkreis liegt, dann $I_p = I_p \cup \{s\}$ und schiebe die Kanten von t (außer e) auf den Stapel AEL. Falls p nicht im Umkreis liegt, setze $Q_p = Q_p \cup \{e\}$.

- Bestimmung der Retriangulierung $DT(I_p)$: Verbinde alle Kanten $e \in Q_p$ mit p. Bestimme dabei die Nachbarschaftsbeziehungen der Dreiecke aus $DT(I_p)$ zueinander, vgl. Abbildung 2.10.

- $DT(P \cup \{p\}) = DT(P) \cup DT(I_p) \backslash I_p$. Bestimme die Nachbarschaftsbeziehungen der Dreiecke aus $DT(I_p)$ zu Dreiecken aus $DT(P) \backslash I_p$.

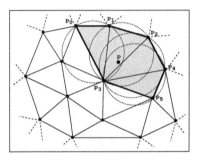 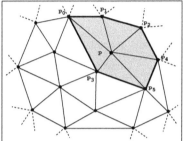

Abbildung 2.6: Beeinflußtes Gebiet I_p bezüglich Punkt p

Abbildung 2.7: Triangulierung des beeinflußten Gebiet I_p

Sonderfall: Punkt liegt außerhalb der Triangulierung

Die inkrementelle Algorithmus kann um den Sonderfall erweitert werden, daß ein Punkt p, der außerhalb der Triangulierung liegt, eingefügt werden kann. Der obige Algorithmus muß also durch die Berechnung der neuen konvexen Hülle der Triangulierung ergänzt werden. Dabei müssen alle von p sichtbaren Randkanten berechnet werden, vgl. Abbildung 2.8.

Definition 2.6 (sichtbare Randkanten)
Eine Kante $\overline{p_i p_j}$ der Triangulierung $DT(P)$ auf der konvexen Hülle $CH(P)$ heißt von p sichtbar (beeinflußt), falls es keine Kante $e \in CH(P)$ mit $e \neq \overline{p_i p_j}$ gibt, die mindestens eine der beiden Kanten pp_i und pp_j schneidet.

Lemma 2.7 *Die Menge der von p sichtbaren Randkanten ist zusammenhängend.*

Die Menge der sichtbaren Randkanten ist wegen der Konvexität der Triangulierung zusammenhängend. Mithilfe von Geradengleichungen können die sichtbaren Randkanten durch Einsetzen von p bestimmt werden. Ist das Polygon der konvexen Hülle der Triangulierung im Gegenuhrzeigersinn orientiert, dann können die durch die Randgeraden definierten Halbräume betrachtet werden. Liegt p im linken Halbraum einer Kante $p_i p_j$, dann ist $p_i p_j$ von p sichtbar. Bei einer Orientierung des Randpolygons im Uhrzeigersinn liegt p im rechten Halbraum einer sichtbaren Kante.

Der folgende Algorithmus ist eine Modifikation des obigen Algorithmus:

Algorithmus: *insertPoint()*
Eingabe: Delaunay-Triangulierung $DT(P)$ und Punkt $p \notin P$, der außerhalb der
Triangulierung $DT(P)$ liegt.
Ausgabe: Delaunay-Triangulierung $DT(P \cup \{p\})$.

- Bestimme alle von p sichtbaren Randkanten der Triangulierung und initialisiere den Stapel AEL mit diesen Kanten.

- Initialisiere $I_p = \emptyset$ und $Q_p = \emptyset$.

- Bearbeite jeweils die oberste Kante e des Stapels AEL, solange bis AEL keine Kante mehr enthält.

  – Untersuche, ob p im Umkreis des an e benachbarten Dreiecks s enthalten ist.

  – Falls p im Umkreis liegt, dann setze $I_p = I_p \cup \{s\}$ und schiebe die Kanten von s (außer e) auf den Stapel AEL.

  – Falls p nicht im Umkreis liegt, dann setze $Q_p = Q_p \cup \{e\}$.

- Bestimmung der Retriangulierung $DT(I_p)$: Verbinde alle Kanten $e \in Q_p$ mit p.

- $DT(P \cup \{p\}) = DT(P) \cup DT(I_p) \backslash I_p$.

- Berechne die Nachbarschaften.

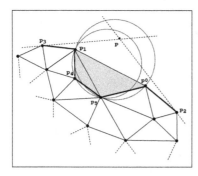 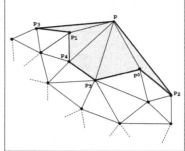

Abbildung 2.8: Beeinflußtes Gebiet I_p Abbildung 2.9: Retriangulierung des be-
bzgl. eines außerhalb von $DT(P)$ liegen- einflußten Gebiet I_p
den Punktes p

Bemerkungen

- Ist die Bedingung der Konvexität, zum Beispiel bei Delaunay-Triangulierung von Polygonen, verletzt, ist es nicht möglich, Punkte außerhalb der Triangulierung einzufügen, vgl. Lemma 2.7. Dagegen können in diesem Fall sehr wohl innerhalb liegende Punkte eingefügt werden.

- Ein weiterer Sonderfall tritt auf, wenn ein Punkt genau auf der konvexer Hülle liegt. Eine Behandlung dieses Falles kann mit einer weiteren Modifikation der obigen beschriebenen Einfüge-Algorithmus geschehen, auf die hier nicht weiter eingegangen werden soll.

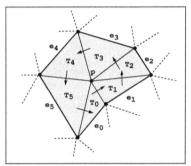 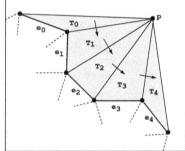

Abbildung 2.10: Sind die Kanten des beeinflußten Polygons e_i in richtiger Reihenfolge, dann können die Nachbarschaften (durch Pfeile dargestellt) der Dreiecke T_i zueinander einfach bestimmt werden.

2.3.1 Der randomisierte inkrementelle Algorithmus

Es ist möglich, Konfigurationen von Punkten und Eingabesequenzen zu konstruieren, bei denen die Berechnung der Delaunay-Triangulierung mit dem inkrementellen Algorithmus $\Theta(n^2)$ Zeit benötigt. Abbildung 2.11 zeigt eine Konfiguration, bei der bei jedem Einfügen eines neuen Punktes $O(n^2)$ Dreiecke zum beeinflußten Gebiet gehören. Dabei wird die Menge P von n Punkten so gewählt, daß eine Hälfte auf dem negativen Teil der x-Achse und die andere Hälfte auf dem positiven Teil der Geraden $y = 1$ liegen. Die Punkte werden nun in der folgenden Reihenfolge $(p_{n-1}, p_0, p_1, \ldots, p_{\frac{n}{2}-1}, p_{n-1}, p_{n-2}, \ldots, p_{\frac{n}{2}})$ eingefügt. Zuerst wird p_{n-1} mit allen Punkten $(p_0, p_1, \ldots, p_{\frac{n}{2}-1})$ auf der unteren Reihe verbunden. Anschließend werden sämtlichen Punkte der oberen Reihe von rechts nach links in die Triangulierung eingefügt. Es ist einfach einzusehen, daß jeder einzufügende Punkt p mit allen Punkten auf der x-Achse durch eine Delaunay-Kante verbunden werden muß. Damit entstehen in diesem Fall im ganzen eine quadratische Anzahl Dreiecke bzw. Delaunay-Dreiecke während der Berechnung der Delaunay-Triangulierung.

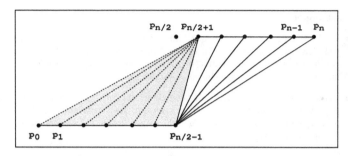

Abbildung 2.11: Worst-Case des Einfüge-Algorithmus: Beim Einfügen von $p_{\frac{n}{2}}$ gehören $\frac{n}{2}$ Dreiecke zum beeinflußten Gebiet (grau unterlegtes Gebiet).

Guibas, Knuth und Sharir zeigen in [GKS92], daß durch Randomisierung der Punktmenge P die erwartete Anzahl von Delaunay-Dreiecken, die im Laufe des inkrementellen Algorithmus auftreten, im Durchschnitt proportional zu der Größe der Punktmenge P ist. Daraus ergibt sich, daß bei Randomisierung die erwartete Laufzeit des inkrementellen Algorithmus für den ungünstigsten Fall besser ist als bei dem nicht-randomisierten Algorithmus.

2.3.2 Strukturen zum Lokalisieren für den Einfüge-Algorithmus

Die Komplexität des inkrementellen Algorithmus ist in erster Linie durch die Berechnung des beeinflußten Gebietes bzw. in der Suche des Startdreiecks bestimmt, bei der maximal $O(n)$ Dreiecke untersucht werden müssen, ob ein einzufügender Punkt im Dreieck enthalten ist. Damit ergibt sich für die Bestimmung der Delaunay-Triangulierung durch Einfügen von n Punkten eine Komplexität von $O(n^2)$. Um diese quadratische Laufzeit zu verbessern, muß die lineare Suche nach dem Startdreieck durch schnelle und effiziente Techniken zum Lokalisieren ersetzt werden. Zwei Techniken, der Delaunaybaum und das Suchen mit dem Quadtree, werden im folgenden beschrieben.

Der Delaunaybaum

Der randomisierte inkrementelle Algorithmus von Guibas, Knuth und Sharir [GKS92] benutzt zur Lokalisierung die Datenstruktur des Delaunaybaums [BT86]. Um diese Datenstruktur verstehen zu können, ist es notwendig, den Einfüge-Algorithmus auf dem Rotationsparaboloiden Λ zu betrachten, vgl. Zusammenhang der Delaunay-Triangulierung mit konvexen Polyedern in Kapitel 1. Das Bestimmen des beeinflußten Gebietes der Triangulierung der Punktmenge P bzgl. eines Punktes p entspricht auf dem Paraboloiden Λ das Berechnen der von $\lambda(p)$ sichtbaren Dreiecke auf der konvexen Hülle von $\lambda(P)$. Da der Punkt p immer außerhalb der konvexen Hülle $CH(\lambda(P))$ liegt, entstehen durch Verbinden von $\lambda(p)$ mit den sichtbaren Dreiecksflächen Tetraeder, die das Volumen zwischen $CH(\lambda(P))$ und der neuen konvexen Hülle $CH(\lambda(P \cup \{p\}))$ ausfüllen. Die Datenstruktur des Delaunaybaums entsteht, wenn man die an die Dreiecksflächen von $CH(\lambda(P))$ angrenzenden Tetraeder (Väter) mit den neuen Tetraedern (Kinder) durch Zeiger verbindet, vgl. Abbildung 2.12. Außerdem werden die 'Kinder'-Tetraeder mit Zeiger untereinander versehen, so daß Nachbarschaftsinformationen zwischen sämtlichen Tetraedern des Baums entstehen. Die Wurzel dieses Baums bildet derjenige Tetraeder, der beim Einfügen des ersten Punktes p in das Startdreieck t entsteht. Der Delaunaybaum ist im wesentlichen eine Tetraedrisierung mit Nachbarschaftsbeziehungen zwischen den Tetraedern und einem Rand, der der zu berechnenden 2D-Triangulierung entspricht. Mit den Nachbarschaftsbeziehungen zwischen den Tetraedern ist es nun möglich, beginnend bei der Wurzel des Baums eine Fläche der konvexen Hülle der Tetraedrisierung zu finden, die von $\lambda(p)$ sichtbar ist. Die Suche durchläuft einen Teil des Nachbarschaftsgraphen der Tetraedrisierung, dabei wird jeweils der Nachbartetraeder zu der Seite gewählt, die von $\lambda(p)$ sichtbar ist. Die Suche endet, wenn es zu einer von $\lambda(p)$ sichtbaren Seitenfläche eines Tetraeders keinen Nachbartetraeder gibt. Nach Konstruktion des Baums liegt das gefundene Dreieck auf der konvexen Hülle von $\lambda(p)$ und somit gehört es zum beeinflußten Gebiet von p. Eine ähnliche Technik findet sich bei der Quadtree-Beschleunigungsstruktur wieder.

Es kann gezeigt werden, daß, wenn Punkte in einer zufälligen Reihenfolge in die Triangulierung eingefügt werden, der Delaunaybaum in etwa ein ausgeglichener Suchbaum wird. Das bedeutet, daß der Baum beim randomisierten Algorithmus im Mittel eine maximale Tiefe von $O(\log n)$ erreicht. Damit ergibt sich für den randomisierten inkrementellen Algorithmus mit der Delaunaybaum-Datenstruktur eine Komplexität von $O(n \log n)$.

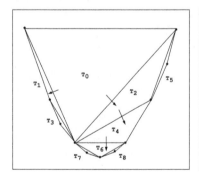
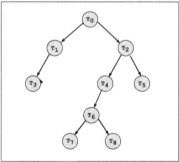

Abbildung 2.12: Ein Beispiel des Delaunaybaums im eindimensionalen Fall

Die Quadtree-Beschleunigungsstruktur

Quadtree mit Dreiecken
Eine andere mögliche Beschleunigungsstruktur zum Lokalisieren ist der Quadtree, in dem sämtliche Dreiecke der Triangulierung eingetragen sind. Die Suche nach einem Dreieck, das einen Punkt p enthält, kann auf die Suche nach der Quadtree-Zelle, die p enthält, reduziert werden. Bei einem ersten Ansatz werden die Dreiecke der Triangulierung in die Zelle eingetragen, deren Schnitt mit der Zelle nicht leer ist. Das gesuchte Dreieck ist bei dieser Implementation erheblich schnell gefunden, die Aktualisierung des Quadtree erfordert aber größere Aufwand. Die Dreiecke der Retriangulierung müssen eingetragen, die beeinflußten Dreiecke entfernt werden. Da in vielen Fällen das dabei zu betrachtende Gebiet von Zellen nicht mehr unbedingt lokal ist, müssen sämtliche Blätter sehr großer Teilbäume betrachtet werden. Dabei kommt es zusätzlich zu aufwendigen Schnittberechnungen zwischen Zellen und Dreiecken. Daher erhält man mit dieser Implementation der Beschleunigungsstruktur ein beachtlich gutes Laufzeitverhalten bei der Suche nach dem Dreieck, aber ein um wesentlich schlechteres Laufzeitverhalten bei der Aktualisierung des Quadtrees.

Quadtree mit Punkten und inzidenten Dreiecken
Aus diesem Grunde ist es besser, einen Kompromiß zwischen der Suche nach dem Dreieck und dem Aktualisieren der Struktur einzugehen. Es ist nicht notwendig, alle Dreiecke, die in einer Zelle liegen, zu kennen. Es reicht vollkommen aus, beim Suchen im Quadtree ein Dreieck zu erhalten, das noch nicht unbedingt p enthalten muß, aber ganz in der Nähe von p liegt. In jeder Zelle der Quadtree-Beschleunigungsstruktur sind sämtliche in ihr enthaltenen Punkte der Triangulierung eingetragen. Diese besitzen eine Referenz auf ein inzidentes Dreieck der aktuellen Triangulierung. Die Suche nach einem Dreieck beginnt im Quadtree mit der Suche nach der Zelle, die p enthält. Dann wird zufällig ein in dieser Zelle eingetragener Punkt und das zu diesem Punkt gehörende inzidente Dreieck als Startdreieck t gewählt.
Mithilfe von Nachbarschaftsinformationen und Geradengleichungen kann jetzt ausgehend von dem gefundenen Dreieck t das korrekte Dreieck t_r bestimmt werden. Mit den Geradengleichungen kann die Richtung bestimmt werden, in die das korrekte Dreieck t_r gesucht werden muß. Dies geschieht dadurch, indem die durch die Dreiecksrandgeraden definierten Halbräume betrachtet werden. Sind die Randkanten sämtlicher Dreiecke der Triangulierung im Gegenuhrzeiger orientiert und liegt p im linken Halbraum aller drei Kanten eines Dreiecks, dann enthält dieses Dreieck p. Liegt p im rechten Halbraum einer der Geraden, so wird das rechts der Geraden liegende Nachbardreieck gewählt. Mit diesem Nachbardreieck wird dann wieder auf die gleiche Art und Weise verfahren. Trifft man nun dabei auf den Rand der Triangulierung, dann liegt p außerhalb der Triangulierung und die gerade betrachtete Randkante ist von p sichtbar. Diese kann zur Bestimmung der anderen beeinflußten Randkanten benutzt werden, vgl. Abbildung 2.13, denn diese Randkanten sind zusammenhängend. Bei einer Orientierung der Triangulierung im Uhrzeigersinn müssen entsprechend die Seiten ausgetauscht werden. In [Kle95] wird bewiesen, daß die Anzahl der bei dieser Suche betrachteten Dreiecke konstant ist und etwa

sechs beträgt, wenn man einen Quadtree mit Zellen benützt, in die maximal vier
Dreiecke eingetragen werden dürfen.

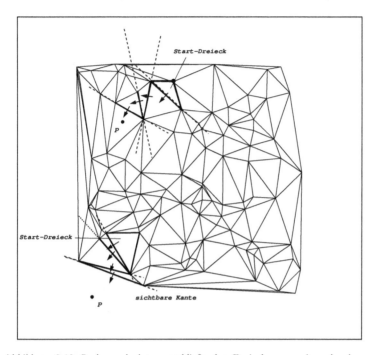

Abbildung 2.13: Suche nach dem umschließenden Dreieck von p. Ausgehend vom
Startdreieck sucht der Algorithmus in Richtung des Punktes p nach dem Dreieck,
das p enthält. Im unteren Teil der Abbildung liegt p außerhalb der Triangulierung.
Die Suche trifft auf eine von p sichtbare Randkante.

Das Aktualisieren des Quadtree kann nun folgendermaßen geschehen: Beim Eintragen des Punktes p in den Quadtree wird ein beliebiges Dreieck der Retriangulierung gewählt, da alle retriangulierten Dreiecke zu p inzident sind. Die Zelle, in die p
eingetragen wird, ist aus der vorhergehenden Suche bereits bekannt. Das Entfernen
von beeinflußten Dreiecken gestaltet sich ein wenig aufwendiger und ist nur dann
in konstanter Zeit möglich, wenn die inzidenten Dreiecke nicht selbst in der Zelle
eingetragen sind, sondern in einem separaten Feld oder in einer separaten linearen
Liste verwaltet werden. Ein inzidentes Dreieck wird dann mittels eines Index in dieses Feld bestimmt. Dadurch werden beim Austausch der beeinflußten Dreiecke mit
den neuen Dreiecken Zugriffe in den Quadtree vermieden und lediglich nur konstante Zugriffe in dieses Feld unternommen. Dabei werden alle Punkte des beeinflußten

Polygons Q_p betrachtet. Eines der beiden von $p \in Q_p$ inzidenten Dreiecke der Retriangulierung wird an der entsprechenden Stelle im Feld eingetragen, egal ob das alte
inzidente Dreieck beeinflußt war oder nicht. Dies ist möglich, da ja nur ein beliebiges
inzidentes Dreieck zu jedem Punkt der Triangulierung bekannt sein muß.

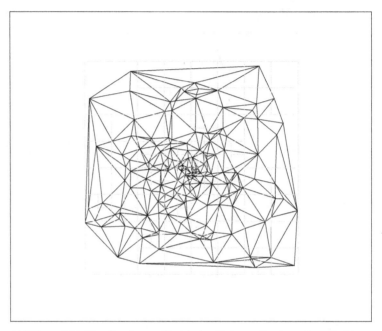

Abbildung 2.14: Der Quadtree paßt sich den Daten optimal an. Im Beispiel
sind 200 um einen Punkt normalverteilte Punkte gegeben.

Vom Anwender können zwei Parameter für den Quadtree gewählt werden. Zum
einen kann er die Anzahl von Punkten pro Zelle auf eine vorgegebene Konstante
begrenzen. Wird diese Zahl überschritten, dann wird die Zelle in vier Kinder unterteilt und die Punkte an die entsprechenden Kinder weitergegeben. Diese Zahl
sollte in der Regel immer größer gleich vier sein, da sonst einige Kinderzellen leer
bleiben. Trotzdem kann es passieren, daß, wenn eine oder mehrere Kinderzellen dennoch leer bleiben, kein Startdreieck gefunden wird. Um auch diesen Fall behandeln
zu können, bleiben beim Unterteilen die Punkte in der Vaterzelle erhalten, später
eingefügte Punkte aber werden in die Kinderzellen eingetragen. Enthält nun eine
Zelle keine Punkte, so kann ein Punkt aus der Vaterzelle gewählt werden, dessen
inzidentes Dreieck immer noch eine gute Startposition liefert.
Die zweite Konstante, die der Anwender wählen kann, ist die maximale Tiefe d des

Baumes. Da bei der Wahl dieser Konstante ein Blatt der Tiefe d nicht mehr unterteilt wird und die Punkte einer Zelle nur für die weitere Unterteilung (bis auf den ersten) relevant sind, reicht es aus, in einem solchen Blatt nicht mehr Punkte als die von Anwender gewählte Anzahl pro Zelle einzutragen. Durch diese Beschränkung werden zwar bei der anschließenden Suche nach dem umschließenden Dreieck immer mehr Dreiecke betrachtet, doch scheint es, daß bei bestimmten Datenmengen, z.b. bei gleichmäßig verteilten Punkten, eine Beschränkung der Tiefe notwendig wird, um den Speicherbedarf des Quadtrees zu begrenzen. Ist z.b. die maximale Anzahl von Punkten pro Zelle auf vier beschränkt, so wird jede Zelle bei unbeschränkter Tiefe immer nach vier Punkten pro Zelle unterteilt, was bei einer Anzahl von ca. 4000 zu triangulierender Punkte eine Tiefe von 10 und einer Anzahl von 1000 Blätter und etwa 330 weiterer innerer Knoten bedeuten würde.

Die Konstanten sollten sehr sorgfältig gewählt werden, sie hängen sehr stark von der Größe und der Verteilung der Punkte ab. Ausführliche Diskussion folgt später beim Vergleich der Algorithmen.

Vorteile der Quadtree-Beschleunigungsstruktur

- Mit Benutzung der Quadtree-Beschleunigungsstruktur wurde der inkrementelle Einfüge-Algorithmus um eine inkrementelle und adaptive Beschleunigungsstruktur ergänzt. Dabei geht die Eigenschaft des inkrementellen Einfüge-Algorithmus, daß nicht alle Punkte vor Beginn der Berechnung bekannt sein müssen, nicht verloren.

- Die Punkte müssen nicht vorsortiert werden. Die verwendeten Datenstrukturen werden dynamisch aufgebaut und aktualisiert.

- Die Quadtree-Beschleunigungsstruktur paßt sich den Daten an. Der Algorithmus ist auch für nicht gleichmäßig verteilte Punktmengen sehr schnell, vgl. Abbildung 2.14.

- Die Beschleunigungsstruktur ist mit geringem Aufwand zu realisieren.

- Für alle getesteten, zufällig erzeugten Datensätze besitzt der Algorithmus lineares Laufzeitverhalten, auch bei nicht gleichmäßig verteilten Punktmengen (vgl. Tabelle 2.2 auf Seite 66).

- Eine Octree-Beschleunigungsstruktur kann für den Einfüge-Algorithmus im $\mathbb{R}^3$ mit der gleichen Idee realisiert werden. Der (randomisierte) Algorithmus im $\mathbb{R}^3$ besitzt auch dort ein nahezu lineares Laufzeitverhalten. Ausführliche Beschreibung folgt.

Nachteil der Beschleunigungsstruktur

- Vor Beginn der Berechnung muß die Größe des Quadtrees bekannt sein. Ist dies nicht der Fall, dann kann Abhilfe dadurch geschaffen werden, daß ein Gitter von Quadtrees angelegt wird, wobei jede Zelle des Gitters ein Quadtree darstellt. Falls ein Punkt außerhalb des Gitters liegt, dann kann das Gitter dynamisch in die jeweilige Richtung vergrößert werden. Dabei ist es aber wichtig, vor Beginn der Berechnungen die Zellengröße des Gitters richtig festzulegen, damit die Anzahl des Gitterzellen nicht zu groß wird.

2.3.3 Der Einfüge-Algorithmus im $\mathbb{R}^3$

Eine weitere Eigenschaft des Einfüge-Algorithmus besteht in der einfachen Erweiterung zu einem dreidimensionalen Algorithmus. Sämtliche Eigenschaften, Ideen und Datenstrukturen des zweidimensionalen Einfüge-Algorithmus lassen sich fast eins-zu-eins in den $\mathbb{R}^3$ übertragen. Im $\mathbb{R}^3$ besteht das beeinflußte Gebiet bzgl. eines Punktes p aus allen Tetraedern, deren Umkugeln p enthalten. Es kann auch hier gezeigt werden, daß der beeinflußte Polyeder, der den Rand des beeinflußten Gebietes bildet, wieder sternförmig ist und daß das beeinflußte Gebiet lokal ist. Die Retriangulierung entsteht analog zum 2D-Algorithmus, wenn man alle Dreiecke des beeinflußten Polyeders, die Seitenflächen von beeinflußten Tetraedern sind, mit p verbindet. Die Gesamttriangulierung ergibt sich durch Ersetzen der beeinflußten Tetraeder durch die retriangulierten Tetraeder. Weiterhin kann die konvexe Hülle $CH(P)$ durch einen außerhalb liegenden Punkt p ergänzt werden, indem alle sichtbaren Dreiecke der konvexen Hülle $CH(P)$ mit p verbunden werden.

Verwendet man eine geeignete Datenstruktur für die Delaunay-Tetraedrisierung (vgl. Kapitel 3), die die Verwaltung von Nachbarschaftsbeziehungen erlaubt, dann kann wie beim Algorithmus im $\mathbb{R}^2$ das beeinflußte Gebiet ausgehend von einem Tetraeder, der den Punkt p enthält, bestimmt werden. Dieser Starttetraeder kann durch eine Octree-Datenstruktur bestimmt werden, in dem diese einen Tetraeder bestimmt, der in der Nähe von p liegt. Ausgehend von diesem kann mit Hilfe von Ebenengleichungen der Tetraeder-Seitenflächen der richtige Tetraeder gefunden werden. Eine Active-Face-List, die zur Halbkantenliste des zweidimensionalen Algorithmus analog ist, hält sich alle Seitenflächen von noch nicht betrachteten Tetraedern. Bei der Bestimmung der Retriangulierung müssen die Nachbarschaften der retriangulierten Dreiecke zueinander berechnet werden. Im $\mathbb{R}^2$ kann durch die lineare Struktur, vgl. Abbildung 2.10, des beeinflußten Polygons die Berechnung der Nachbarschaften mittels einer Suchdatenstruktur vermieden werden. Im $\mathbb{R}^3$ wird zur Bestimmung der Nachbarn ein AVL-Baum der eine Hash-Tabelle benutzt, in den die Seitenflächen der Tetraeder eintragen werden. Ein Nachbartetraeder ist gefunden, wenn beim Eintragen in die Suchdatenstruktur festgestellt wird, daß ein gleiches Dreieck dort bereits vorhanden ist. Die Nachbarschaften zu den außerhalb des beeinflußten Gebietes liegenden Dreiecken der Triangulierung können dadurch bestimmt werden, wenn in den Dreiecken des beeinflußten Polyeders die benötigten Informationen gehalten werden.

Algorithmus: *insertPoint()* (für $\mathbb{R}^3$)

Eingabe: Delaunay-Triangulierung $DT(P)$ und Punkt $p \notin P$, der innerhalb der Triangulierung $DT(P)$ liegt.

Ausgabe: Delaunay-Tetraedrisierung $DT(P \cup \{p\})$.

- Bestimme den Tetraeder t, der p enthält.

- Schiebe die vier Dreiecksflächen von t auf einen Stapel AFL (activ face list). Initialisiere $I_p = \{t\}$ und $Q_p = \emptyset$.

- Bearbeite jeweils das oberste Dreieck t des Stapels AFL, solange bis AFL keine Fläche mehr enthält.

  - Falls $t \in CH(P)$ gehört, setze $Q_p = Q_p \cup \{t\}$

  - Falls $t \notin CH(P)$, untersuche, ob p im Umkreis des an t benachbarten Tetraeders s enthalten ist. Falls p im Umkreis liegt, dann setze $I_p = I_p \cup \{s\}$ und schiebe die Dreiecksflächen von s (außer t) auf den Stapel AFL. Falls p nicht im Umkreis liegt, dann setze $Q_p = Q_p \cup \{t\}$.

- Bestimmung der Retriangulierung $DT(I_p)$: Verbinde alle Dreiecke $t \in Q_p$ mit p.

- $DT(P \cup \{p\}) = DT(P) \cup DT(I_p) \backslash I_p$.

- Bestimme die Nachbarschaften mit einem ausgeglichenen Suchbaum oder mit einer Hash-Tabelle.

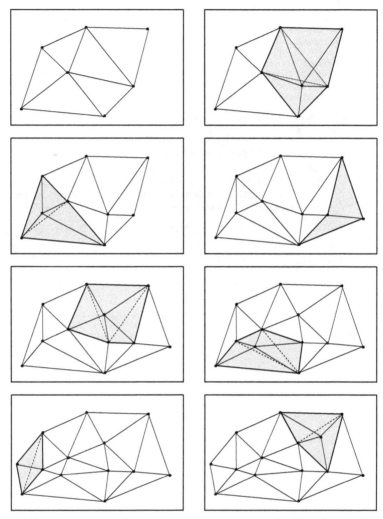

Abbildung 2.15: Triangulierung einer Datenmenge mittels des inkrementellen Einfüge-Algorithmus. Der grau unterlegte Bereich ist jeweils das beeinflußte Gebiet des eingefügten Punktes.

2.4 Algorithmen mit Suchstrukturen

Eine weitere Möglichkeit, die Delaunay-Triangulierung einer Punktmenge P zu berechnen, besteht darin, ausgehend von einem bereits berechneten Delaunay-Dreieck die Nachbardreiecke zu berechnen [McL76]. Am Anfang des Algorithmus wird ein geeignetes Startdreieck gewählt und von diesem ausgehend weitere Dreiecke angebaut. Die Konstruktion setzt sich solange fort, bis die gesamte Delaunay-Triangulierung berechnet ist.

Die zwei wesentlichen Bestandteile des Algorithmus bestehen erstens in der Suche nach einem dritten Punkt, der zusammen mit einer gegebenen Kante ein Delaunay-Dreieck bildet, und zweitens in der Verwaltung der Dreiecke, die sicherstellen muß, daß ein Delaunay-Dreieck kein zweites Mal berechnet wird. Es ist offensichtlich, daß für das Suchen des dritten Punktes ein linearer Aufwand benötigt wird und daß dieser Algorithmus ein zu der Größe der Punktmenge quadratisches Laufzeitverhalten besitzt.

Daher werden über das Triangulierungsgebiet Suchstrukturen gelegt und in diese die zu triangulierenden Punkte eingetragen. Piegl und Fang haben zwei Suchstrukturen in ihren Algorithmen benutzt: in [FP92] haben sie die Datenmenge in eine spärliche Matrix, der Sparse-Matrix, eingetragen und auf dieser die Berechnung des dritten Punktes implementiert. Die Suchstruktur in [FP93] ist ein reguläres Gitter.

Bei der Verwaltung der Dreiecke kann eine sogenannte Halbkantenliste (active edge list) verwendet werden, in der die Dreieckskanten eingetragen sind, zu denen noch Nachbardreiecke gesucht werden müssen. Diese Liste muß im wesentlichen als Suchbaum oder als Hash-Tabelle realisiert werden, da Kanten in der Liste gesucht und gegebenenfalls aus der Liste entfernt werden müssen. Im $\mathbb{R}^2$ kann allerdings eine lineare Liste verwendet werden, bei der jeweils nur das erste und das letzte Element betrachtet wird. Die Art und Weise, wie die Halbkanten verwaltet werden, wird später genauer beschrieben und aufgrund der Weise, wie die Triangulierung aufgebaut wird, Shelling genannt. Zwei weitere Möglichkeiten der Verwaltung von Halbkanten werden im dreidimensionalen Algorithmus und beim parallelen Delaunay-Wall-Algorithmus vorgestellt.

2.4.1 Das reguläre Gitter

Das reguläre Gitter unterteilt das Suchgebiet in gleichgroße Zellen, vgl. Abbildung 2.16. In eine solche Zelle sind alle die Punkte eingetragen, die in dieser Zelle enthalten sind. In der Implementation kann dieses Gitter mit einem zweidimensionalen Feld aus Listen realisiert werden. Die Größe des Gitters kann durch viele Faktoren bestimmt werden. Zum einen sollen in einer Zelle nicht mehr als eine bestimmte Anzahl von Punkten eingetragen sein, zum anderen sollen die Seitenlängen einer solchen Gitterzelle in etwa gleich sein. Das Suchen von Nachbarpunkten zu einem Punkt p läßt sich nun im wesentlichen auf die Nachbarzellen im Gitter von p beschränken.

2.4.2 Die spärliche Matrix

Die spärliche Matrix, die Sparse-Matrix, besteht aus einem Spaltenfeld und einem Zeilenfeld. Die Einträge dieser Felder sind Listen, in die die Punkte mit gleicher x-Koordinate bzw. gleicher y-Koordinate eingetragen sind. D.h. jeder Eintrag des Spaltenfeldes bzw. des Zeilenfeldes repräsentiert genau eine x-Koordinate bzw. eine y-Koordinate und enthält in einer Liste sämtliche Punkte mit dieser Koordinate. Zusätzlich sind die Einträge im Spaltenfeld bzw. im Zeilenfeld nach den Koordinaten sortiert, vgl. Abbildung 2.17. Mit der spärlichen Matrix läßt sich nun das Suchen von Nachbarpunkten zu einem Punkt p auf die Nachbarspalten und auf die Nachbarzeilen von p beschränken.

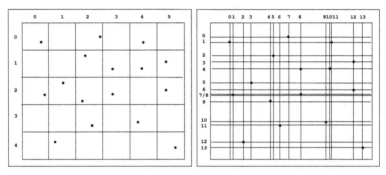

Abbildung 2.16: Eine Beispielspunktmenge ist in einem regulären Gitter eingetragen

Abbildung 2.17: Die gleiche Punktmenge ist in einer spärlichen Matrix eingetragen

2.4.3 Die Berechnung des Startdreiecks

Ein ideales Startdreieck ist ein Delaunay-Dreieck in der Mitte der Datenmenge. Das Bestimmen dieses Dreiecks besteht aus drei Schritten. Zuerst wird der Punkt p_1 bestimmt, der der Mitte am nächsten liegt. Anschließend muß der zu p_1 nächste Punkt p_2 gefunden werden. Die Punkte p_1 und p_2 bilden nun eine Delaunay-Kante. Zu dieser Kante muß nun der dritte Punkt p_3 bestimmt werden, der zusammen mit p_1, p_2 ein Delaunay-Dreieck bildet. Dieses Dreieck ist das gesuchte Startdreieck, von dem die Konstruktion der Triangulierung begonnen wird.
Im folgenden Algorithmus wird beschrieben, wie man bei Benutzung der Suchstrukturen den ersten bzw. den zweiten Punkt des Startdreiecks finden kann.
Bei der Bestimmung des ersten Punktes p_1 wird für den Parameter *pos* eine beliebige Position im Triangulierungsgebiet gewählt, bei Benutzung des Shellings wird dafür die Mitte des Triangulierungsgebietes gewählt. Prinzipiell kann aber für p_1 jeder beliebige Punkt $p_i \in P$ genommen werden. Derselbe Algorithmus kann zur Bestimmung des zweiten Punktes benutzt werden, wobei jetzt p_1 als Parameter übergeben und der nächste Punkt p_2 zu p_1 bestimmt wird.

Algorithmen: *getFirst(), getSecond()* (für $\mathbb{R}^2$ und $\mathbb{R}^3$)
Eingabe: Position *pos*.
Ausgabe: der der Position *pos* nächstliegende Punkt *q*.

- Bestimme die Zelle, in der *pos* liegt. Berechne die kürzeste Distanz $d_{shortest}$ zu den Seiten der Zelle.

- Wenn sich Punkte in der Zelle befinden, dann wähle den Punkt *q* mit der kürzesten Distanz $d_{min} = dist(q, pos)$ aus.

- Solange $d_{shortest} < d_{min}$ gilt, vergrößere das Suchgebiet um die Nachbarzellen, vgl. Abbildung 2.20. Berechne $d_{shortest}$ neu. Falls sich Punkte im neuen dazugekommenen Gebiet befinden, so wähle gegebenenfalls aus diesen den zu *pos* nächsten Punkt q' aus, setze $q = q'$ und $d_{min} = dist(q, pos)$ neu.

Bei der Suche nach dem nächsten Punkt *q* zu *pos* wird zuerst die Zelle bestimmt, in der *pos* liegt, bei der spärlichen Matrix entsprechend die umschließenden Zeilen und Spalten. Das initiale Suchgebiet besteht nun beim regelmäßigen Gitter aus der Zelle, bei der spärlichen Matrix aus dem Gebiet, das von den umschließenden Zeilen und Spalten begrenzt wird. Im Suchgebiet werden alle enthaltenen Punkte untersucht. Das Suchgebiet muß im folgenden vergrößert werden, solange bis der Kreis um Punkt *q* mit dem Abstand $d_{shortest}$ zum gefundenen nächsten Punkt als Radius vollständig im Suchgebiet enthalten ist. Dies geschieht, indem man die kürzeste Distanz d_{min} zu den Seiten des Gebietes mit $d_{shortest}$ vergleicht. Die Abbildungen 2.18 und 2.19 zeigen, wie die Suchstrukturen in der Regel vergrößert werden. Beim Gitter werden zuerst die Spalten von Nachbarzellen angeschaut, anschließend die Zeilen. In gleicher Art und Weise geschieht dies bei der spärlichen Matrix. Im allgemeinen muß aber oft diese Regel beim Vergrößern des Suchgebietes eingeschränkt werden, wenn es sich nicht lohnt, in eine oder mehrerer der Richtungen zu suchen. Dies ist zum Beispiel der Fall, wenn das Suchgebiet beim Bestimmen des dritten Punktes nicht auf die linke Seite der gegebenen Halbkante ausgedehnt werden darf. Ein anderer Fall ist das begrenzte Suchen im Umkreis eines gefundenen Dreiecks.

2.4.4 Die Berechnung des dritten Punktes

Bei der Berechnung eines dritten Punktes zu einer gegebenen Delaunay-Kante $\overline{p_1 p_2}$ soll ein weiterer Punkt p_3 berechnet werden, so daß der Umkreis des Dreiecks $\Delta(p_1, p_2, p_3)$ keinen anderen Punkt der Triangulierung enthält bzw. daß dieses Dreieck ein Delaunay-Dreieck ist. Es ist zu beachten, daß es hier in den meisten Fällen zwei Lösungen gibt. Von den beiden an diese Kante $\overline{p_1 p_2}$ angrenzenden Dreiecken ist immer das auf der rechten Seite von $\overrightarrow{p_1 p_2}$ liegende Dreieck zu wählen. Dabei wird sichergestellt, daß kein Dreieck doppelt oder mehrfach berechnet wird. Außerdem kann die Suche auf die linke Seite der Kante $\overrightarrow{p_1 p_2}$ vernachlässigt werden, denn: wenn es einen Punkt *q* im Umkreis von $\Delta(p_1 p_2 p_3)$ gibt, der links von $\overrightarrow{p_1 p_2}$ liegt, dann

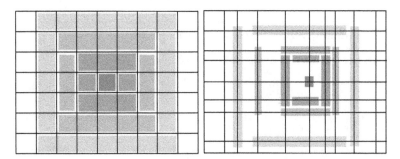

Abbildung 2.18: Vergrößern des re-Abbildung 2.19: Vergrößern der spärli-
gelmäßigen Gitters chen Matrix

liegt p_3 im Umkreis von $\Delta(qp_1p_2)$. Folglich ist p_1p_2 keine Delaunay-Kante, was aber obiger Annahme widerspricht. Damit wird die Delaunay-Triangulierung korrekt berechnet.

Algorithmus: *getThird()* (für $\mathbb{R}^2$)
Eingabe: Halbkante $\overrightarrow{p_1p_2}$
Ausgabe: Punkt q, so daß q rechts von $\overrightarrow{p_1p_2}$ liegt und Dreieck $\Delta(p_1p_2q)$ Delaunay ist.

- Bestimme die Bounding-Box der Zellen, in der die Kante $e = \overrightarrow{p_1p_2}$ liegt und suche nach Punkten in der Box, die rechts von e liegen.

- Wenn Punkte gefunden werden, dann wähle den Punkt q mit dem kleinsten Cosinus des Winkels $\angle(p_1, q, p_2)$ aus.

- Werden keine Punkte gefunden, so vergrößere solange die Box um die Nachbarzellen, bis dort Punkte gefunden werden. Wähle aus diesen Punkten denjenigen mit dem kleinsten Cosinus aus. Falls die Box die Grenzen des Gitters erreicht, dann breche ab, e ist dann Randkante der zu berechnenden Triangulierung.

- Berechne den Umkreis des Dreiecks $\Delta(p_1, p_2, q)$. Suche in allen Zellen, die von diesem Kreis überdeckt werden, nach weiteren Punkten. Falls ein Punkt q' mit kleinerem Cosinus gefunden wird, der rechts der Kante $\overrightarrow{p_1p_2}$ liegt, vgl. Abbildung 2.21, so setze $q = q'$ und und wiederhole diesen Schritt.

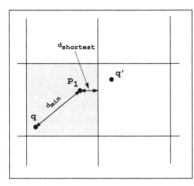 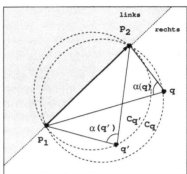

Abbildung 2.20: Weil $d_{min} > d_{shortest}$ gilt, muß das Suchgebiet vergrößert werden. p_1 und q' ist die gesuchte Delaunay-Kante.

Abbildung 2.21: q' liegt im Umkreis von $\Delta(p_1 p_2 q)$, folglich gilt: $\cos(\alpha(q)) > \cos(\alpha(q'))$. Auf der rechten Seite der Kante $\overrightarrow{p_1 p_2}$ enthält C_q den Kreis $C_{q'}$ vollständig.

Die Bestimmung der Bounding-Box, in der die Kante $p_1 p_2$ liegt, kann in beiden Suchstrukturen einfach berechnet werden. Die Zellen, in denen die Punkte p_1 und p_2 liegen, können in dem regelmäßigen Gitter, durch Division und anschließende Ganzzahlkonvertierung bestimmt werden. Bei der spärlichen Matrix bietet sich eine binäre Suche auf dem Zeilenfeld bzw. auf dem Spaltenfeld an. Um aber diese logarithmische Zeit einzusparen, erhält jeder Punkt einen Index in das Spaltenfeld bzw. Zeilenfeld.

Die Bounding-Box, in der die Kante $p_1 p_2$ liegt, ist das Suchgebiet, mit dem die Suche gestartet wird. Bei der Vergrößerung dieses Suchgebietes ist darauf zu achten, daß es nicht in der Richtung der linken Seite von $\overrightarrow{p_1 p_2}$ vergrößert wird, wo keine Punkte gesucht werden dürfen, vgl. Abbildung 2.21.

Optimierungen

Desweiteren passiert es recht häufig, daß ein (erster) gefundener Punkt q so ungünstig liegt, daß der Umkreis von $\Delta(p_1 p_2 q)$ riesengroß wird und einen großen Teil des Triangulierungsgebietes überdeckt. In diesem Fall ist es nicht angebracht, sofort alle Punkte in den vom Umkreis überdeckten Zellen zu suchen. Die Optimierung besteht darin, das Gebiet langsam um Zelle und Zelle zu vergrößern, bis ein besserer Punkt mit einem kleineren Umkreis gefunden wird. Auf diese Art und Weise wird eine Suche über ein $O(n)$ großes Suchgebiet vermieden.

Für jeden Punkt, der gefunden wird, muß bestimmt werden, auf welcher Seite der Halbkante $\overrightarrow{p_1 p_2}$ er sich befindet. Dies geschieht durch Einsetzen der Punktkoordinaten in die Geradengleichung von $\overrightarrow{p_1 p_2}$. Folgende Optimierung, die für viele Punkte das Einsetzen in die Geradengleichung vermeidet, funktioniert nur auf dem Gitter. Es reicht aus, nur diejenigen Punkte in die Gleichung einzusetzen, die in den von $\overrightarrow{p_1 p_2}$ geschnittenen Gitterzellen liegen. Kennt man den Abstand sämtlicher Gitterpunkte des Gitters zur Geraden $l = \overrightarrow{p_1 p_2}$, so haben alle vier Ecken der Zellen, die nicht von l geschnitten werden, gleiches Vorzeichen. Zellen mit Vorzeichenwechsel dagegen werden von l geschnitten. Zellen mit positiven Vorzeichen liegen links und Zellen mit negativem Vorzeichen rechts von l, vgl. Abbildung 2.22. Der Abstand eines Gitterpunktes kann durch Addition von $a \cdot step_x$ bzw. $b \cdot step_y$ durch das ganze Gitter 'geschoben' werden, wobei (a, b) die normierte Normale von l und $step_x$ bzw. $step_y$ die Schrittweiten des Gitters in x- bzw. in y-Richtung sind, vgl. Abbildung 2.23.

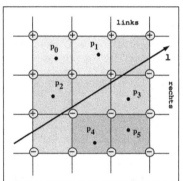
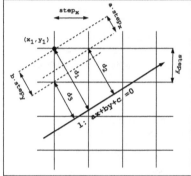

Abbildung 2.22: Die Zellen im hellen Bereich haben positives Vorzeichen und werden beim Suchen nach Punkten nicht betrachtet, die Punkte der Zellen mit unterschiedlichen Vorzeichen müssen in die Geradengleichung von l eingesetzt werden, dagegen die Punkte im dunklen Gebiet nicht.

Abbildung 2.23: Der Abstand des Gitterpunktes (x_1, y_1) zur Geraden l mit der Gleichung $ax + by + c = 0$ berechnet sich: $d_1 = ax_1 + by_1 + c$. Darausfolgt folgt $d2 = a(x_1 + step_x) + by_1 + c = d_1 + a \cdot step_x$ und $d_3 = ax_1 + b(y_1 + step_y) + c = d1 + b \cdot step_y$.

2.4.5 Die Shelling-Methode

Das Shelling-Verfahren ist eine Möglichkeit, die Triangulierung im $\mathbb{R}^2$ aufzubauen. Dabei wird immer das nächste Dreieck an die zur bestehenden Triangulierung zugeneigten Seite des letzten Dreiecks angebaut. Betrachtet man nun eine Folge von solchen Schritten, dann stellt man fest, das sich die Triangulierung wie eine Schnecke oder Muschel (*engl.: shell*) von innen nach außen aufbaut. Eine Halbkantenliste (active edge list) merkt sich alle die Halbkanten, an die noch Dreiecke angebaut werden müssen. Diese Kanten entsprechen den Randkanten der bestehenden Triangulierung. Beim Anbau eines Dreiecks $t = \Delta(p_1 p_2 p_3)$ an die Kante $p_1 p_2$ wird die Kante $p_1 p_2$ aus der Halbkantenliste entfernt und die neuen Halbkanten p_2p_3 und p_3p_1 eingetragen.

Algorithmus: *triangulate()* (mit Shelling, für $\mathbb{R}^2$)
Eingabe: Punktmenge P
Ausgabe: Delaunay-Triangulierung $DT(P)$.

- Berechne eine Suchstruktur S (regelmäßiges Gitter oder spärliche Matrix).

- Berechne das Startdreieck t mit den Algorithmen $S.getFirst()$, $S.getSecond()$, $S.getThird()$.

- Initialisiere die Halbkantenliste AEL (active edge list) mit den Kanten von t und setze die Triangulierung $DT = \{t\}$.

- Bearbeite jeweils die erste Halbkante $\overrightarrow{p_1p_2}$ von AEL, bis AEL leer ist.

  - Berechne $p_3 = S.getThird(\overrightarrow{p_1p_2})$.

  - Falls es keinen dritten Punkt p_3 gibt, dann ist p_1p_2 eine Kante der konvexen Hülle von P.

  - Falls p_3 noch nicht markiert (p_3 gehört noch nicht zu T):

    1. Markiere p_3.
    2. Setze $DT = DT \cup \{\Delta(p_1p_2p_3)\}$ und bestimme die Nachbarschaften an der Kante p_1p_2.
    3. Trage die Halbkanten $\overrightarrow{p_3p_1}$ und $\overrightarrow{p_2p_3}$ an vorderster Stelle von AEL ein.

  - Ansonsten teste auf rechte und linke Berührung.

  - Falls linke Berührung: erste Halbkante von AEL ist $\overrightarrow{p_3p_2}$.

    1. Setze $DT = DT \cup \{\Delta(p_1p_2p_3)\}$.
    2. Bestimme die Nachbarschaften an den Kanten p_1p_2 und p_2p_3.
    3. Ersetze die erste Kante $\overrightarrow{p_3p_2}$ durch die Halbkante $\overrightarrow{p_3p_1}$.
    4. Lösche p_2 aus der Suchstruktur (bei der spärlichen Matrix).

  - Falls rechte Berührung: letzte Halbkante von AEL ist $\overrightarrow{p_1p_3}$.

    1. Setze $DT = DT \cup \{\Delta(p_1p_2p_3)\}$.
    2. Bestimme die Nachbarschaften an den Kanten p_1p_2 und p_3p_2.
    3. Entferne die letzte Kante $\overrightarrow{p_1p_3}$ aus AEL und trage an vorderster Stelle von AEL die Halbkante $\overrightarrow{p_2p_3}$ ein.

  - Falls keine Berührung, dann trage p_1p_2 hinten in die Liste AEL ein.

Nun kann es aber passieren, daß p_3 bereits zur Triangulierung gehört. Dann wird untersucht, ob eine der beiden Kanten p_2p_3 und p_3p_1 auch schon Bestandteil der Triangulierung ist. Dabei gibt es drei Fälle, die 'linke Berührung', 'rechte Berührung' und 'keine Berührung' genannt werden. Bei der linken Berührung gehört die linke Kante p_3p_1 zur Triangulierung, bei der rechten Berührung p_2p_3. Beim Shelling-Verfahren muß geachtet werden, daß keine Löcher in der Triangulierung entstehen, denn dann würde Shelling versagen. Daher gibt es beim Shelling einen weiteren Fall: 'keine Berührung'. Dieser liegt dann vor, wenn eine der beiden Kanten weder die nächste linke Kante noch die nächste rechte Kante auf dem Rand der bestehenden Triangulierung berührt. Hier kann kein Dreieck angebaut werden und die Kante muß zurückgelegt werden und später bearbeitet werden, wenn das Loch geflickt ist. Ein Nachteil des Shelling-Verfahrens besteht also darin, daß eventuell die gleiche Kante mehrmals betrachtet und der dazugehörende Punkt mehrmals gefunden werden muß.

2.4.6 Der Algorithmus im $\mathbb{R}^3$

Mit dem Shelling-Verfahren kann eine lineare Liste verwendet werden, wobei jeweils nur das erste und das letzte Element der Liste betrachtet wird. Dies wird insbesondere durch die lineare Struktur des Randpolygons ermöglicht. Im $\mathbb{R}^3$ kann dagegen das Shelling-Verfahren nicht benutzt werden, weil der Rand der bestehenden Tetraedrisierung keineswegs mehr linear ist. In der Variante des Algorithmus wird als Halbkantenliste ein Suchbaum oder eine Hash-Tabelle gewählt, um die Suche nach Kanten, die sich berühren, zu beschleunigen. In Untersuchungen stellte es sich heraus, daß bei Benutzung eines Suchbaums anstatt der Hash-Tabelle, erst bei sehr großen Punktmengen, die in der Größenordnung von mehr als 3000 Punkten liegen, eine Verschlechterung der Laufzeit eintritt.

Der folgende Algorithmus kann sowohl für Punktmengen aus dem $\mathbb{R}^2$ als auch aus dem $\mathbb{R}^3$ verwendet werden. Im Zweidimensionalen stellt dieser eine Variante des Shelling-Verfahrens dar.

Algorithmus: *triangulate()* (ohne Shelling, für $\mathbb{R}^2$ und $\mathbb{R}^3$))
Eingabe: Punktmenge P
Ausgabe: Delaunay-Triangulierung $DT(P)$.

- Berechne eine Suchstruktur S (regelmäßiges Gitter oder spärliche Matrix).

- Berechne im $\mathbb{R}^2$ das Startdreieck t mit den Algorithmen $S.getFirst()$, $S.getSecond()$ und $S.getThird()$.

- Berechne im $\mathbb{R}^3$ den Starttetraeder t mit den Algorithmen $S.getFirst()$, $S.getSecond()$, $S.getThird()$ und $S.getFourth()$.

- Initialisiere die Active-Face-List AFL mit den Kanten bzw. mit den Seitenflächen von t.

- Setze die Triangulierung $DT = \{t\}$.
- Bearbeite jeweils ein beliebiges Element f aus AFL, bis AFL leer ist.
  - Sei im $\mathbb{R}^2$ $f = \overrightarrow{p_1 p_2}$. Berechne $p_3 = S.getThird(f)$ und setze $t = \Delta(p_1 p_2 p_3)$.
  - Sei im $\mathbb{R}^3$ $f = \overrightarrow{\Delta}(p_1 p_2 p_3)$. Berechne $p_4 = S.getFourth(f)$ und setze $t = \Delta(p_1 p_2 p_3 p_4)$.
  - Falls es p_3 bzw. p_4 nicht gibt, dann gehört f zur konvexen Hülle von P.
  - Setze $DT = DT \cup \{t\}$.
  - Bearbeite alle Kanten bzw. Seitenfläche $f', f' \neq f$ von t
    1. Falls $f' \in AFL$, entferne f' aus AFL und setze die Nachbarschaften an f'.
    2. Falls $f' \notin AFL$, trage f' in AFL ein.
  - Setze die Nachbarschaft an f.

Die Suchstrukturen im $\mathbb{R}^3$

Mit relativ wenig Aufwand können die oben vorgestellten zweidimensionalen Suchstrukturen zu dreidimensionalen Suchstrukturen erweitert werden. Bei der Berechnung des Starttetraeders können die Funktionen $getFirst()$ und $getSecond()$ der zweidimensionalen Suchstrukturen verwendet werden, die Suche muß aber auch in der dritten Dimension erfolgen. Die Funktion $getThird()$ bestimmt den dritten Punkt p_3 des Starttetraeders, so daß das Dreieck $\Delta(p_1 p_2 p_3)$, das eine Seitenfläche des gesuchten Tetraeders bildet, ein Delaunay-Dreieck ist. Nach Lemma 1.57 ist $\Delta(p_1 p_2 p_3)$ genau dann ein Delaunay-Dreieck, wenn es eine Kugel gibt, auf der die Punkte p_1, p_2 und p_3 liegen und keine weiteren Punkte enthält. Für die Kugel bedeutet dies, daß sie einen minimalen Radius besitzen muß. Daher werden sämtliche Punkte p_i des Suchgebietes auf den Umkreisradius von $\Delta(p_1 p_2 p_i)$ untersucht und p_i mit dem kleinsten ausgewählt. Die Schwierigkeit besteht in der Größe des Suchgebietes. Da diese Berechnung nur einmal im Algorithmus gebraucht wird, könnte das Suchgebiet auch auf das gesamte Triangulierungsgebiet ausgedehnt werden, ohne Einbußen bei der Laufzeit des Triangulierungsalgorithmus zu erhalten. Dennoch ist es sinnvoll, das Suchgebiet auf die Bounding-Box der beiden Kugeln um p_1 und p_2 zu begrenzen, die den minimalen Umkreisradius als Radius besitzen, vgl. Abbildung 2.24. Dieses Suchgebiet bleibt in den meisten Fällen um einiges kleiner als das gesamte Triangulierungsgebiet.

Algorithmus: *getThird()* (für $\mathbb{R}^3$).

Eingabe: Kante $\overrightarrow{p_1 p_2}$

Ausgabe: Punkt q, so daß Dreieck $\Delta(p_1 p_2 q)$ Delaunay ist.

- Bestimme die Bounding-Box der Zellen, in der die Kante $e = \overrightarrow{p_1 p_2}$ liegt und suche nach Punkten in der Box.

- Wurden Punkte gefunden, dann wähle denjenigen Punkt q mit dem kleinsten Umkreisradius des Dreiecks $\Delta(p_1 p_2 q)$ aus.

- Wurden keine Punkte gefunden, so vergrößere solange die Box um die Nachbarzellen, bis dort Punkte gefunden werden. Wähle aus diesen Punkten denjenigen mit dem kleinsten Umkreisradius aus.

- Bestimme die Kugeln S_1 und S_2 mit den Mittelpunkten p_1 und p_2 und Radius des Umkreises von $\Delta(p_1 p_2 q)$. Suche in allen Zellen, die von der Bounding-Box der Kugeln S_1 und S_2 überdeckt werden, nach weiteren Punkten. Falls ein Punkt q' mit kleinerem Umkreisradius gefunden wird, so setze $q = q'$ und wiederhole diesen Schritt.

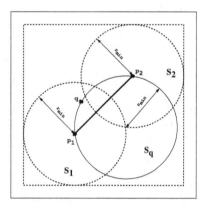

Abbildung 2.24: Bei der Berechnung des dritten Tetraederpunktes muß das Suchgebiet so groß werden, wie die Bounding-Box der Kugeln S_1 und S_2.

Der vierte Punkt eines Tetraeders kann mit folgendem Algorithmus bestimmt werden, der im wesentlichen eine Modifikation der zweidimensionalen Funktion *get-Third()* ist. Als Parameter wird hier ein orientiertes Dreieck t übergeben. Zu diesem Dreieck sucht der Algorithmus den vierten Tetraederpunkt, der rechts des Dreiecks t liegt. Die Orientierung wird von der Reihenfolge der Dreieckspunkte und durch die Ebenengleichung bestimmt. Es ist also bei der Implementierung dringend notwendig, auf die Orientierung der Dreiecke zu achten. Im Unterschied zur zweidimensionalen Variante müssen die gefundenen Punkte gegenseitig auf die Umkugel-Eigenschaft getestet werden, weil im $\mathbb{R}^3$ das Winkelkriterium nicht mehr gilt. Genausogut könnte der Umkreistest bei der zweidimensionalen Variante verwendet werden.

Algorithmus: *getFourth()* (für $\mathbb{R}^3$)

Eingabe: Dreieck $\overrightarrow{\Delta}$ $(p_1p_2p_3)$ mit Ebenengleichung

Ausgabe: Punkt q, so daß q rechts von $\overrightarrow{\Delta}$ $(p_1p_2p_3)$ liegt und Tetraeder $\Delta(p_1p_2p_3q)$ Delaunay ist.

- Bestimme die Bounding-Box der Zellen, in der das Dreieck $t = \overrightarrow{\Delta}$ $(p_1p_2p_3)$ liegt und suche nach Punkten in der Box, die rechts von t liegen.

- Wenn Punkte gefunden wurden, dann wähle denjenigen Punkt q aus, so daß die Umkugel von $\Delta(p_1p_2p_3q)$ keinen anderen gefundenen Punkt enthält.

- Wurden keine Punkte gefunden, so vergrößere solange die Box um die Nachbarzellen, bis dort Punkte gefunden werden. Wähle wie oben aus diesen Punkten den entsprechenden aus. Falls die Box die Grenzen des Gitters erreicht, dann breche ab, t liegt dann auf der konvexen Hülle der zu berechnenden Triangulierung.

- Berechne die Umkugel S des Tetraeders $\Delta(p_1p_2p_3q)$. Suche in allen Zellen, die von der Kugel S überdeckt werden, nach weiteren Punkten. Falls ein Punkt q' gefunden wird, der in S und rechts des Dreieck $\overrightarrow{\Delta}$ $(p_1p_2p_3)$ liegt, so setze $q = q'$ und wiederhole diesen Schritt.

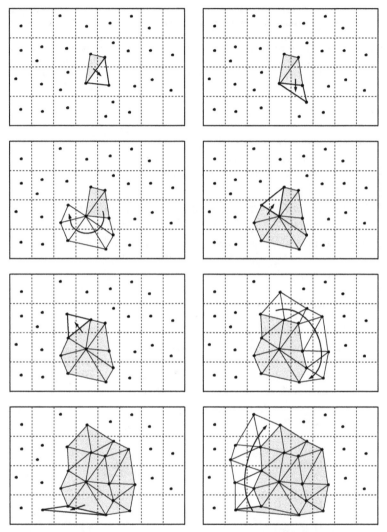

Abbildung 2.25: Triangulierung einer Datenmenge mittels des Shelling-Algorithmus unter Benutzung eines Gitters

2.5 Der Divide-and-Conquer-Algorithmus

Der Divide-and-Conquer-Algorithmus [Dwy89] [LS80] [GS85] zerlegt rekursiv die
Punktmenge und berechnet im Merge-Schritt die Vereinigung der beiden Teiltriangulierungen. Beim Teilen der Punktmenge wird eine zu einer Koordinatenachse
parallelen Gerade α gewählt, die die Punktmenge in einen linken und in einen rechten bzw. in einen oberen und unteren Teil trennt. Damit wird sichergestellt, daß
sich die entstehenden Teiltriangulierungen nicht schneiden. Bei der Bestimmung der
Vereinigung dieser beiden Teiltriangulierungen muß zuerst eine Kante $p_1 p_2$ gefunden
werden, die die beiden Triangulierungen T_1 und T_2 verbindet und auf der konvexen
Hülle der Vereinigung liegt. Um das erste Dreieck t_1 zu finden, wird zu der gefundenen Randkante der dritte Dreieckspunkt gesucht. Diese Bestimmung kann durch
Vergrößern von Seifenblasen modelliert werden. Der gesuchte Punkt p_3 ist der erste
Punkt, der von der Seifenblase um die Punkte p_1 und p_2 getroffen wird. Zu beachten
ist, daß dieser Punkt nicht unbedingt auf der konvexen Hülle von einer der beiden
Teiltriangulierungen liegen muß. Alle von p_1 und p_2 inzidenten Punkte können für
p_3 in Frage kommen. Falls p_3 zu T_1 gehört, dann wird die Kante $p_2 p_3$ in die Trian-
gulierung eingetragen. Im anderen Fall, daß p_3 zu T_2 gehört, wird der nächste dritte
Punkt zur Kante $p_1 p_3$ bestimmt. Der Algorithmus setzt sich so lange fort, bis er auf
die andere Kante der konvexen Hülle trifft, vgl. Abbildungen 2.26.
Das Bestimmen der Vereinigung benötigt einen Aufwand von $O(n)$, da die konvexe
Hülle maximal $O(n_1 + n_2)$ Kanten besitzt, wobei n_1 und n_2 die Anzahl der Punkte
von T_1 bzw. T_2 ist, also müssen maximal $O(n_1 + n_2)$ Dreiecke bestimmt werden. Außerdem ist die Anzahl der inzidenten Punkte eines Punktes in der Regel konstant.
Sorgt man dafür, daß in jedem Rekursionsschritt die Anzahl der aufgeteilten Punktmengen in etwa gleich groß ist, dann ergibt sich eine Komplexität von $O(n \log n)$ für
den Gesamtalgorithmus.
Ein Nachteil dieses Algorithmus besteht darin, daß Dreiecke der Teiltriangulierungen
bei der Berechnung der Vereinigung entfernt werden, da sie in der Gesamttriangulierung keine Delaunay-Dreieck bilden. Diese Dreiecke haben einen Umkreis, in dem ein
Punkt der jeweils anderen Teiltriangulierung liegt. Bei ungeschickt gewählten Teil-
punktmengen kann es passieren, daß die Anzahl dieser Dreiecke $O(n)$ beträgt. Das
bedeutet für diesen Fall, daß erst bei der Verschmelzung die eigentliche Delaunay-
Triangulierung berechnet wird und die Berechnung der Teiltriangulierungen unnötig
war. Dieser Fall kann aber in der Regel verhindert werden, wenn abwechselnd einmal eine zur x-Achse und einmal eine y-Achse parallele Trennungsgerade α gewählt
wird.
Eine Implementation des Algorithmus in $\mathbb{R}^3$ scheitert an der Berechnung der Vereinigung, die bei Tetraedrisierungen einen enormen Aufwand erfordert. Beim zweidimensionalen Algorithmus sorgte eine lineare Anordnung der zu einem Punkt inzidenten Kanten für eine einfache Bestimmung der neuen Dreiecke. Leider existiert
im $\mathbb{R}^3$ diese Anordnung nicht mehr.
Der im nächsten Abschnitt vorgestellte Algorithmus ist auch ein Divide-and-Conquer-
Algorithmus, der allerdings durch eine andere Strategie die Nachteile dieses Algorithmus vermeidet und auch im $\mathbb{R}^3$ implementiert werden kann.

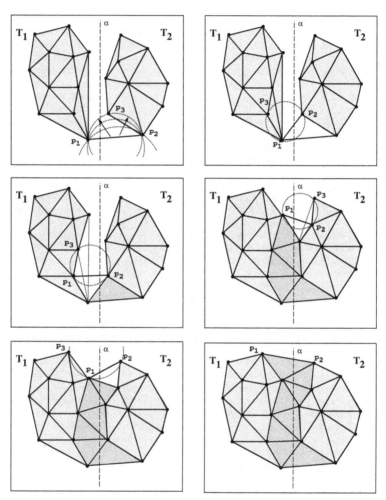

Abbildung 2.26: Die Berechnung der Vereinigung der zwei Teiltriangulierungen T_1 und T_2 bei dem Divide-and-Conquer-Algorithmus

2.6 Der Delaunay-Wall-Algorithmus

Parallele Lösungen von Problemen werden in der Informatik immer bedeutender und beliebter. Daher wurde auch im Rahmen dieser Diplomarbeit ein paralleler Algorithmus zur Berechnung der Delaunay-Triangulierung implementiert. Sämtliche Algorithmen in diesem Kapitel sind leider für eine Parallelisierung ungeeignet, so zum Beispiel der Einfüge-Algorithmus, bei dem nur unter großem Aufwand sichergestellt werden kann, daß sich die beeinflußten Gebiete zweier oder mehrerer einzufügenden Punkte nicht überschneiden. Auch das streng sequentielle Shelling des Gitter-Algorithmus bzw. des Sparse-Matrix-Algorithmus erlaubt keine Parallelisierung.

Cignoni, Montani und Scopigno haben in [CMPS93] einen Algorithmus beschrieben, der diese Probleme vermeidet und für sämtliche Dimensionen implementiert werden kann. Das Gitter kann in diesem Algorithmus zum Suchen von Punkten sowohl bei der Berechnung der Teiltriangulierungen als auch bei der Verschmelzung der Teile benutzt werden. Der Idee dieses Algorithmus besteht darin, daß das D&C-Paradigma in anderer Art und Weise als bei gewöhnlichen D&C-Algorithmen angewendet wird. So wird bei gewöhnlichen Algorithmen zuerst das Problem in Unterprobleme unterteilt, die Unterprobleme berechnet und anschließend das Gesamtproblem aus den Unterproblemen zusammengesetzt. Bei diesem Algorithmus wird zuerst die Merge-Phase ausgeführt und anschließend die Unterprobleme berechnet. Der Delaunay-Wall-Algorithmus ist eine Implementation dieses 'First-Merge-D&C-Paradigmas'. Eine Gerade α teilt die Ebene $\mathbb{R}^2$ in zwei Halbebenen, die positive Halbebene $H^+(\alpha)$ und die negative Halbebene $H^-(\alpha)$, und teilt die Punktmenge P in zwei Untermengen P^+ und P^-. Diese Gerade α trennt die Delaunay-Triangulierung $DT(P)$ in drei disjunkte Teilmengen:

- die Menge der Dreiecke S^α, die von der Geraden α geschnitten werden und die im folgenden die Delaunay-Mauer (Delaunay-Wall) genannt wird,

- die Menge der Dreiecke S^+, die ganz in der positiven Halbebene $H^+(\alpha)$ liegen,

- und die Menge der Dreiecke S^-, die ganz in der negativen Halbebene $H^-(\alpha)$ liegen.

Die Delaunay-Mauer S^α ist Teil der Delaunay-Triangulierung $DT(P)$ von P und unterteilt $DT(P)$ so, daß die resultierenden Teilmengen S^+ und S^- keinen Schnitt haben.Bei dem Delaunay-Wall-Algorithmus wird zuerst die Gerade α gewählt, die Mauer S^α berechnet und die Teilmengen P^+ und P^- bestimmt. Daraufhin wird der Delaunay-Wall-Algorithmus rekursiv für P^+ bzw. für P^- aufgerufen und S^+ bzw. S^- berechnet. In einem letzten Schritt wird die Vereinigung von S^α, S^+ und S^- bestimmt.

Wie beim Gitter-Algorithmus spielt auch hier die Active-Face-Liste eine wichtige Rolle. In diese Liste werden alle die Dreieckskanten bzw. die Seitenflächen von Tetraedern, zu denen das anliegende Nachbardreieck bzw. der anliegende Nachbartetraeder noch nicht bestimmt wurde, gesammelt. Im Unterschied zum Gitter-Algorithmus müssen hier drei solche Listen verwendet werden:

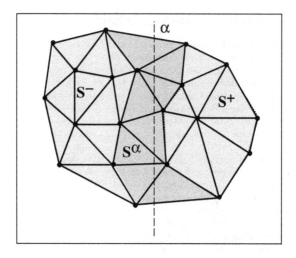

- die Menge aller aktiven Kanten oder Seitenflächen AFL^α, die von α geschnitten werden,

- die Menge aller aktiven Kanten oder Seitenflächen AFL^+, die ganz in $H^+(\alpha)$ enthalten sind, und

- die Menge aller aktiven Kante oder Seitenflächen AFL^-, die ganz in $H^-(\alpha)$ enthalten sind.

Bei der Berechnung der Delaunay-Mauer werden alle Dreieckskanten bzw. Seitenflächen eines neu berechneten Dreiecks bzw. Tetraeders der Mauer in die entsprechenden Listen AFL^α, AFL^+ und AFL^- eingetragen. Die auf der positiven Seite liegenden Kanten oder Seitenflächen werden in die Active-Face-List AFL^+, die auf der negativen Seiten in AFL^-. Die Kanten oder Seitenflächen, die von α geschnitten werden und für die Berechnung der Mauer relevant sind, kommen in die Active-Face-List AFL^α. Alle Kanten oder Seitenflächen f von AFL^α werden abgearbeitet, indem das nächste an f anliegende Dreieck berechnet wird. Dies stellt sicher, daß nur die Dreiecke der Delaunay-Mauer bestimmt werden. Die Berechnung der Mauer ist dann beendet, wenn $AEL(\alpha)$ keine Kanten mehr enthält. Danach wird der Algorithmus rekursiv auf die positive Halbebene bzw. auf die negative Halbebene angewendet, wobei nur die Halbkanten aus AEL^+ bzw. aus AEL^- betrachtet werden müssen.
Im $\mathbb{R}^2$ wird die Gerade α zyklisch als eine Gerade parallel zur den Achsen ausgewählt, um eine relativ gleichmäßige Unterteilung der Ebene $\mathbb{R}^2$ zu gewährleisten. Im $\mathbb{R}^3$ ist α eine Ebene, die zyklisch einmal parallel zur x-y-Ebene, einmal parallel zur x-z-Ebene und einmal parallel zur y-z-Ebene sein kann. Bei der Unterteilung können die Gittergrenzen gewählt werden, was zusätzliche Kosten bei der Unterteilung der Punktmengen vermeidet.

Algorithmus: *dewall()*
Eingabe: Punktmenge P, Active-Face-List AFL und Teilgitter S
Ausgabe: Teiltriangulierung $T(P)$

- Setze $AFL^+ = \emptyset$, $AFT^- = \emptyset$ und $AFL^\alpha = \emptyset$.

- Bestimme α.

- Teile P in die Teilmengen P^+ und P^- bzgl. α. Teile S in die Teilgitter S^+ und S^- bzgl. α.

- Falls $AFT = \emptyset$, dann berechne:

    - $t = \Delta(p_1 p_2 p_3)$ mit den Funktionen S.getFirstSecond(), S.getThird() im $\mathbb{R}^2$. Trage die Kanten $p_2 p_1$, $p_1 p_3$ und $p_3 p_2$ in AFL ein.

    - $t = \Delta(p_1 p_2 p_3 p_4)$ mit den Funktionen S.getFirstSecond(), S.getThird() und S.getFourth() im $\mathbb{R}^3$. Trage die Seitenflächen $p_1 p_3 p_2$, $p_2 p_4 p_3$, $p_3 p_1 p_4$ und $p_4 p_2 p_1$ in AFL ein.

- Unterteile AFL: Bearbeite alle Elemente $f \in AFL$ aus AFL, solange bis AFL leer ist.

    - falls $e \cap \alpha \neq \emptyset$, dann setze $AFL^\alpha = AFL^\alpha \cup \{e\}$.
    - falls $e \in H^-(\alpha)$, dann setze $AFL^- = AFL^- \cup \{e\}$.
    - falls $e \in H^+(\alpha)$, dann setze $AFL^+ = AFL^+ \cup \{e\}$.

- Berechne den Delaunay-Wall: Bearbeite alle $f \in AFL^\alpha$ aus AFL^α, bis AFL^α leer ist.

    - Berechne den dritten Punkt $p_3 = S.getThird()$ im $\mathbb{R}^2$ mit $f = p_1 p_2$. Setze $t = \Delta(p_1 p_2 p_3)$ und $T = T \cup \{t\}$.

    - Berechne den vierten Punkt $p_4 = S.getFourth()$ im $\mathbb{R}^3$ mit $f = p_1 p_2 p_3$. Setze $t = \Delta(p_1 p_2 p_3 p_4)$ und $T = T \cup \{t\}$.

    - Für jede Kante bzw. Seitenfläche f', $f' \neq f$ von t bearbeite:

        1. falls $f' \cap \alpha$ und $f' \notin AFL^\alpha$, setze $AFL^\alpha = AFL^\alpha \cup \{f'\}$.
        2. falls $f' \cap \alpha$ und $f' \in AFL^\alpha$, entferne f' aus AFL^α.
        3. falls $f' \in H^-(\alpha)$ und $f' \notin AFL^-$, setze $AFL^- = AFL^- \cup \{f'\}$.
        4. falls $f' \in H^-(\alpha)$ und $f' \in AFL^-$, entferne f' aus AFL^-.
        5. falls $f' \in H^+(\alpha)$ und $f' \notin AFL^+$, setze $AFL^+ = AFL^+ \cup \{f'\}$.
        6. falls $f' \in H^+(\alpha)$ und $f' \in AFL^+$, entferne f' aus AFL^+.

- Rekursion: falls $AFL^- \neq \emptyset$, dann setze $T = T \cup$ **dewall**(P^-, AFL^-, S^-).

- Rekursion: falls $AFL^+ \neq \emptyset$, dann setze $T = T \cup$ **dewall**(P^+, AFL^+, S^+).

Beim ersten Aufruf des Algorithmus wird im $\mathbb{R}^2$ ein Startdreieck bestimmt, der die gewählte Gerade α schneidet. Die Kanten dieses Dreiecks bilden die initiale Halbkantenliste, von der die Berechnung der ersten Delaunay-Mauer gestartet wird. Im $\mathbb{R}^3$ wird entsprechend ein Starttetraeder berechnet, der die gewählte Ebene α schneidet. Die Funktion, die diesen besonderen Startsimplex bestimmt, ist eine kleine Variante der Berechnung des Startsimplex beim gewöhnlichen Gitter-Algorithmus. Dabei muß ein Paar von zwei Punkten p_1 und p_2 bestimmt werden, so daß $p_1 \in H^+(\alpha)$ und $p_2 \in H^-(\alpha)$ liegen und p_1 der nächste Punkt von p_2 ist. Die Lage des dritten Dreieckspunktes spielt für das Startdreiecks keine Rolle und kann mit der 'normalen' Methode $getThird()$ bestimmt werden. Im $\mathbb{R}^3$ spielen sowohl der dritte als auch der vierte Tetraederpunkt keine Rolle und können wie üblich berechnet werden.

Algorithmen: $getFirstSecond()$ (für Dewall-Algorithmus)
Eingabe: Gerade oder Ebene α.
Ausgabe: Punktepaar $p_1 p_2$, wobei p_1 der nächste Punkt von p_2 ist und p_1 links und p_2 rechts von α liegt.

- Bestimme zwei Zellen Z_1 und Z_2, die ungefähr in Gittermitte liegt, an α grenzen und benachbart sind.

- Wähle ein Punkt p_1 aus Z_1 und ein Punkt p_2 aus Z_2 aus. Falls in Zelle $Z_i, i = 1, 2$ kein Punkt existiert, dann vergrößere das Suchgebiet S_i um Z_i auf der entsprechenden Seite von α.

- Berechne minimalen Umkreis C durch die Punkte p_1 und p_2. Suche in allen Zellen, die vom Umkreis C überdeckt werden, nach weiteren Punkten.

  - Falls ein Punkt $p_1' \in S_1$ gefunden wird, der in C liegt, dann setze $p_1 = p_1'$ und wiederhole diesen Schritt.

  - Falls ein Punkt $p_2' \in S_2$ gefunden wird, der in C liegt, dann setze $p_2 = p_2'$ und wiederhole diesen Schritt.

Vorteile des parallelen Delaunay-Wall-Algorithmus

- Die Parallelisierung des Delaunay-Wall-Algorithmus ist im Vergleich zu anderen D&C-Algorithmen wesentlich einfacher.

- Ein herkömmlicher D&C-Algorithmus muß sowohl bei der Unterteilung der Datenmenge als auch beim Verschmelzen synchronisiert werden. Hier werden Unterteilung und Verschmelzen im gleichen Zeitintervall vollzogen. Die beiden entstandenen Teilprozesse sind vollkommen unabhängig voneinander.

- Einfachere Implementation im Vergleich zu anderen D&C-Algorithmen.

- Algorithmus kann für sämtliche Dimensionen implementiert werden.

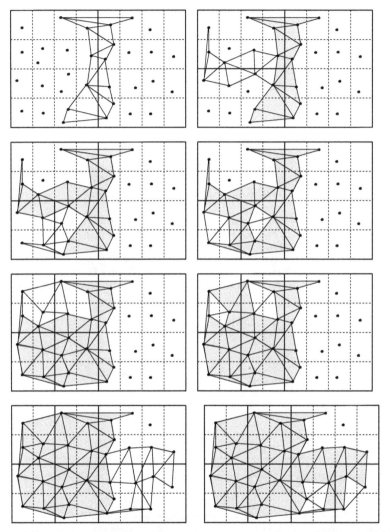

Abbildung 2.27: Triangulierung einer Datenmenge mittels des Delaunay-Wall-Algorithmus

2.7 Vergleich der Algorithmen

Für Aussagen über die Komplexität von geometrischen Algorithmen wird gewöhnlich das Modell der reellen RAM verwendet:

Definition 2.8 (Reelles RAM-Modell)
Das Modell der reellen 'Random Access Machine' (RAM) verwendet reelle Zahlen sowie die reellen Operationen $+, -, *, /, =$ *und* $>$, *die exakt sind und genau eine Zeiteinheit brauchen.*

Mit dem reellen RAM-Modell kann nun eine untere Schranke für die Berechnung der Delaunay-Triangulierung bestimmt werden.

Satz 2.9 (Untere Schranke f. d. Berechnung der Delaunay-Triangulierung)
Im schlechtesten Fall wird für die Berechnung der Delaunay-Triangulierung im $\mathbb{R}^d$, $d >= 2$ *von* n *Punkten bei Verwendung des reellen RAM-Modells* $O(n \log n + k)$ *Zeit benötigt, wobei* k *die Anzahl der* d-*Simplices der Triangulierung ist.*

Beweis Seien n kollineare Punkte $P = \{p_0, \ldots, p_{n-1}\}$ und ein weiterer Punkt p_n, der nicht auf der Geraden liegt, gegeben. Diese Punktmenge kann auf eine Weise trianguliert werden. Aus dieser Triangulierung kann in $O(n)$ Zeit die Sortierung von P berechnet werden, vgl. Abbildung 2.28. Wird $O(l)$ Zeit benötigt, um $P \cup \{p_n\}$ zu triangulieren, so läßt sich ein Sortieralgorithmus angeben, der P in $O(l) + O(n)$ Zeit sortiert. Da die untere Schranke für Sortieren $O(n \log n)$ ist, muß $O(n \log n) \leq O(l)$ sein.

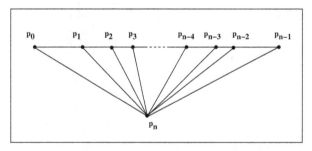

Abbildung 2.28: Die kollinearen Punkte $P = \{p_0, \ldots, p_{n-1}\}$ werden durch Triangulierung von $P \cup \{p_n\}$ sortiert.

Im allgemeinen muß ein Triangulierungsalgorithmus der Dimension d in der Lage sein, Triangulierungen aller Dimensionen kleiner als d zu berechnen. Ein Algorithmus zum Berechnen der Delaunay-Tetraedrisierung muß also koplanare Punkte triangulieren (2D-Delaunay-Triangulierung) bzw. kollineare Punkte sortieren können.

Die untere Schranke für die Berechnung der zweidimensionalen Triangulierung beträgt genau $O(n \log n)$, da die Anzahl der Dreiecke $k = O(n)$ beträgt, vgl. Lemma 1.28. Dagegen hängt die untere Schranke für die Berechnung der Delaunay-Tetraedrisierung von der Anzahl der Tetraeder ab. Im ungünsigsten Fall kann eine Tetraedrisierung mit $O(n^2)$ Tetraedern entstehen, wenn fast jeder Punkt $O(n)$ inzidente Kanten besitzt. Ein Beispiel mit $O(n^2)$ Tetraedern kann konstruiert werden, wenn jeweils $\frac{n}{2}$ Punkte auf zwei sich nicht schneidenen Geraden liegen, vgl. Abbildung 2.29.

Abbildung 2.29: Die Triangulierung einer Punktmenge P aus n Punkten (hier 20!), bei der $\frac{n}{2}$ Punkte auf einer der beiden Geraden liegen, besitzt $(\frac{n}{2} - 1)^2$ Tetraeder.

Wird allerdings die Triangulierung einer gleichmäßig verteilten Punktmenge berechnet, so ist die Anzahl der zu berechnenden Tetraeder in der Regel proportional zu der Anzahl der Punkte. Bei einer gleichmäßig verteilten Punktmenge entstehen Tetraeder mit etwa gleich langen Seiten. Die Anzahl dieser Tetraeder, die um einen Punkt angeordnet sind, ist konstant. In der Ebene können sechs Dreiecke um einen Punkt angeordnet sein, wohingegen es im Raum keine Anordnung von gleichseitigen Tetraedern um einen Punkt gibt, die den Raum ausfüllen. Experimentell konnte aber bei gleichverteilten, zufällig erzeugten Punktmengen eine durchschnittliche Anzahl von ca. 26 inzidenten Tetraedern pro Punkt ermittelt werden, vgl. Tabelle 2.1.

Bei Verwendung eines erweiterten Modells des reellen RAM-Modells, das zusätz-

Punkte	1000	2000	3000	4000	5000	6000	7000	8000
Tetraeder	25,34	25,92	26,13	26,31	26,36	26,48	26,45	26,47
Dreiecke	5,94	5,96	5,98	5,99	5,99	6,00	5,99	6,00

Tabelle 2.1: Durchschnittliche Anzahl von inzidenten Tetraedern bzw. Dreiecken pro Punkt in Abhängigkeit von der Größe der Triangulierung (gleichmäßig verteilte Punktmenge).

lich ganze Zahlen sowie Integerdivision, indirekte Adressierung und Rundung erlaubt, kann sich die Komplexität von $O(n \log n)$ zur Berechnung der Delaunay-Triangulierung erheblich reduzieren. Dies geschieht insbesondere bei den oben vorgestellten Algorithmen, die Beschleunigungsstrukturen wie den Quadtree bzw. Octree, das regelmäßige Gitter oder die spärliche Matrix verwenden. Alle Suchoperationen auf dem Gitter und der spärlichen Matrix werden durch einfache Integer-Arithmetik implementiert. Eindimensionale Triangulierungsalgorithmen sind Sortieralgorithmen von reelen Werten. Eine solche Sortierung kann bei Verwendung des reellen RAM-Modells in $O(n \log n)$ Zeit berechnet werden. Bekannte Algorithmen, die diese Zeit als untere Schranke besitzen, sind der Merge-Sort und der Heap-Sort. Ein besserer Sortieralgorithmus berechnet die Sortierung von n ganzen Zahlen aus $I = [a, b], a, b \in \mathbb{Z}$, indem er feststellt, wie oft ein Wert vorkommt. Dazu wird ein Feld verwendet, das für jeden Wert aus I einen Zähler hält. Die Zeit, die dieser Algorithmus für die Berechnung der Sortierung benötigt, beträgt $O(n)$. Der gleiche, für reelle Zahlen erweiterte Algorithmus, der Bucket-Sort-Algorithmus, sortiert die Zahlen in $O(n)$ gleich große Intervalle ein. Wenn die Anzahl der Werte in einem Intervall konstant ist, dann kann die Sortierung in den Intervallen in $O(n)$ Zeit bestimmt werden. Ist die zu sortierende Zahlenmenge nicht gleichmäßig verteilt, dann kann es passieren, daß entweder die Intervalle sehr klein gewählt werden müssen (um in jedem Intervall eine konstante Anzahl zu erhalten) und die Anzahl der Intervalle größer als $O(n)$ wird, oder in einem oder mehreren Intervallen sich mehr als eine konstante Anzahl von Werten befinden. In beiden Fällen wird der vorgeschlagene Sortieralgorithmus nicht mehr eine konstante Laufzeit besitzen.

Das gleiche Verhalten läßt sich nun in die zweite bzw. in die dritte Dimension übertragen. Die Intervalle entsprechen hier den Zellen des regelmäßigen Gitters. Der Gitter-Algorithmus [1] besitzt nur dann eine lineare Laufzeit, wenn eine gleichmäßig verteilte Punktmenge verwendet wird und in jede Zelle in etwa die gleiche Anzahl von Punkten eingetragen wird. In [AFKN89] wird das Verhalten des regelmäßigen Gitters für unterschiedliche Algorithmen aus der algorithmische Geometrie untersucht und festgestellt, daß die beschleunigten Algorithmen bei Gleichverteilung der Eingabewerte (Punkte, Liniensegmente, etc.) und bei geeigneter Wahl der Zellengröße lineares Verhalten bzgl. der Größe der Eingabe und Ausgabe besitzen. Bei ungleichmäßig verteilten Punkten kann ein Quadtree durch adaptive Unterteilung eine kleinere Verbesserung leisten, allerdings muß in der Realität die maximale Tiefe des Quadtrees begrenzt werden.

---

[1] Shelling-Algorithmus mit regelmäßigem Gitter

Im folgenden wird nun das Verhalten der Algorithmen bei ungleichmäßig bzw. bei gleichmäßig verteilten Punktmengen untersucht. Hierfür wird zuerst eine gleichmäßig verteilte Punktmenge P von 320 Punkten bzw. 1280 Punkten aus $[0,1]^2$ bestimmt. Zur Berechnung der Delaunay-Triangulierung von P_{320} bzw. P_{1280} wird im Algorithmus ein 8x8-Gitter bzw. ein 16x16-Gitter angelegt, um eine durchschnittliche Anzahl von fünf Punkten pro Zelle zu erhalten. Wird mit gleichem Kriterium das Gitter der Punktmenge $P'_{320} = P_{320} \cup \{p_0, p_1, p_2, p_3\}$ bzw. $P'_{1280} = P_{1280} \cup \{p_0, p_1, p_2, p_3\}$ mit $p_0 = (-3, -3)$, $p_1 = (5, 5)$, $p_2 = (-3, 5)$ und $p_3 = (5, -3)$ bestimmt, dann wird im Algorithmus auch ein 8x8-Gitter. 16x16-Gitter gewählt, jedoch mit dem einen Unterschied, daß diesmal alle Punkte aus P_{320} bzw. P_{1280} genau in einer Zelle bzw. vier Zellen liegen. Alle anderen Zellen bis auf die Zellen in den Ecken des Gitters sind leer. Beim Quadtree-Algorithmus liegen alle Punkte aus P_{320} bzw. P_{1280} in einer Zelle in der Tiefe 3. Tabelle 2.2 zeigt die Laufzeiten der Punktmengen P_{320} und P'_{320} bzw. P_{1280} und P'_{1280} für beide Größen. Es bestätigt sich also, daß der Gitter-Algorithmus sehr stark von der Verteilung der Punktmenge abhängt, er zeigt nur für gleichmäßig verteilte Punkte lineares Laufzeitverhalten. Den Erwartungen entsprechend paßt sich der Quadtree optimal an die beiden Verteilungen an, so daß die Berechnungen von $DT(P_{320})$ und $DT(P'_{320})$ bzw. $DT(P_{1280})$ und $DT(P'_{1280})$ in etwa die gleiche Zeit benötigen. Da wegen der Anordnung die spärliche Matrix bei der schlechteren Verteilung nur zwei Zeilen und zwei Spalten mehr besitzt, zeigt der Matrix-Algorithmus [2] nur eine geringfügige Verschlechterung im Vergleich zum Gitter.

Punkt-menge	Gitter	Matrix	Quadtree (insert)	Plane Sweep	Delaunay-Tree
P_{320}	340	450	260	150	330
P'_{320}	3630	600	280	150	340
P_{1280}	1420	2570	1200	720	1540
P'_{1280}	16440	3810	1220	720	1550

Tabelle 2.2: Laufzeiten der Algorithmus in msec für unterschiedlich verteilte Punktmengen: P_{320} und P_{1280} sind gleichmäßig verteilt, die Punkte p_0, p_1, p_2 und p_3 wurden so ungünstig gewählt, daß alle Punkte aus P_{320} bzw. P_{1280} in einer Zelle des Gitters bzw. des Quadtrees liegen. Gemessen wurde auf einer Silicon Graphic R4000

Da die Komplexität der Algorithmen von der Verteilung der Punkte abhängt, ist es im allgemeinen schwierig, die Komplexitäten der Algorithmen mit Beschleunigungsstrukturen abzuschätzen. Bei allen folgenden Untersuchungen und Vergleichen wird von einer zufällig erzeugten, gleichmäßig verteilten Menge von Punkten aus $[0,1]^d$, $d = 2, 3$ ausgegangen. Bei ungleichmäßig verteilten Punktmengen verschlechtern sich die Laufzeiten der meisten Algorithmen. Die Tabellen 2.5 und 2.6 auf Seite 70 zeigen die Laufzeiten der einzelnen Triangulierungsalgorithmen, die auf einer Silicon Graphics R4000 gemessen wurden. Eine graphische Darstellung der Kurven zeigen die Abbildungen 2.30 und 2.31 auf den Seiten 69ff.

---

[2] Shelling-Algorithmus mit spärlicher Matrix

Punkte	Starttriang.	Flippen	insgesamt
1000	150	2070	2220
2000	350	4910	5260
4000	870	11730	12600
6000	1520	18620	20140
8000	2230	26050	28280
10000	3060	32970	36030

Tabelle 2.3: Laufzeiten des Flipping-Algorithmus in msec

Der Flipping-Algorithmus

Der Flipping-Algorithmus ist der einfachste Algorithmus zur Berechnung der Delaunay-Triangulierung im $\mathbb{R}^2$ und ist daher auch ohne größeren Aufwand zu implementieren. Die einzige, kleine Schwierigkeit besteht darin, einen guten Algorithmus für die Berechnung der Starttriangulierung zu finden. Der bei den Messungen verwendete und oben beschriebene Algorithmus zur Berechnung der Starttriangulierung besitzt wie der Flipping-Algorithmus theoretisch ein quadratisches Verhalten, da die Anzahl der sichtbaren Randkanten maximal $O(n)$ betragen kann, wobei n die Anzahl der zu triangulierenden Punkte ist. Obwohl die ermittelten Laufzeiten des Flipping-Algorithmus ein wesentlich besseres als quadratisches Verhalten besitzt (vgl. Tabelle 2.3), ist der Flipping-Algorithmus für die Berechnung von Delaunay-Triangulierungen großer Punktmengen nicht geeignet. Außerdem ist es nicht möglich, den Flipping-Algorithmus in den $\mathbb{R}^3$ zu übertragen, da durch 'Flippen' von zwei Tetraedern drei Tetraeder entstehen, vgl. Abbildung 1.1 auf Seite 10.

Der Einfüge-Algorithmus

Auch der Einfüge-Algorithmus (insert) sollte ohne die Quadtree-Beschleunigungsstruktur oder ohne den Delaunaybaum nur für sehr kleine Punktmengen verwendet werden, allerdings ist auf eine randomisierte Eingabe zu achten. Wegen der zahlreichen Sonderfälle, die beim Einfüge-Algorithmus auftreten können (Punkt liegt im Innern, Punkt liegt außerhalb, Punkt liegt auf Kante, etc.), ist die Implementierung etwas aufwendig. Auch die Implementation der Quadtree-Datenstruktur und das Suchen des umschließenden Dreiecks verlangt größeren Aufwand. Bei diesem Algorithmus und den Beschleunigungsstrukturen muß besonders auf eine einheitliche Orientierung der Dreiecke geachtet werden. Der Speicheraufwand des Einfüge-Algorithmus beträgt $O(n)$, da nur die aktuelle Triangulierung gehalten wird. Der wie oben beschrieben implementierte Quadtree mit maximaler Tiefe k besitzt maximal $\sum_{d=0}^{k} 4^d < 4^{k+1} = O(4^k)$ Quadtreezellen, ein Octree mit maximaler Tiefe k $O(8^k)$ Zellen. Damit benötigen der Quadtree und der Octree einen von der Tiefe k abhängigen Speicherbedarf. Dagegen kann gezeigt werden, daß der Delaunaybaum höchstens $O(n)$ Tetraeder besitzt [BT86]. Bei beschränktem Speicher sollte möglicherweise entweder das Lokalisierungsverfahren des Delaunaybaums gewählt werden oder der Plane-Sweep-Algorithmus implementiert werden. Der dreidimensionale Einfüge-Algorithmus kann durch einen Octree ergänzt werden, der dann wie im zweidimensionalen Fall für gleichmäßig verteilte Punktmengen ein lineares Laufzeitverhalten besitzt. Ein Vergleich der Laufzeiten der zweidimensionalen Algorithmen mit den Laufzeiten der dreidimensionalen Algorithmen zeigt, daß der Octree-Algorithmus mit höherer Dimension verglichen mit den anderen hier beschriebenen Algorithmen immer besser wird. So ist der Octree-Algorithmus mit Abstand der schnellste der dreidimensionalen Algorithmen, wohingegen der Quadtree-Algorithmus nur geringfügig schneller ist als der Gitter-Algorithmus. Dies liegt daran, daß die Laufzeiten des Einfüge-Algorithmus von der Anzahl der beeinflußten Dreiecke bzw. Tetraeder abhängen, wohingegen die Laufzeiten des Gitter-Algorithmus von der Größe des Suchgebietes abhängt. Die durchschnittliche Anzahl von beeinflußten Dreiecke pro eingefügten Punkt liegt beim zweidimensionalen Algorithmus bei ca. 4, beim dreidimensionalen Einfüge-Algorithmus bei 19 Tetraedern. Die durchschnittliche Anzahl der zu betrachtenden Zellen im zweidimensionalen Gitter liegt zwischen 6 und 7, im dreidimensionalen Gitter zwischen 100 und 140, vgl. Tabelle 2.4. D.h. die Anzahl der beeinflußten Simplices wächst um ca. den Faktor 5, wohingegen die Zahl der betrachteten Gitterzellen um ca. den Faktor 19 wächst.

Punkt- menge	beeinfl. Dreiecke	beeinfl. Tetraeder	2D- Gitter	3D- Gitter
1000	3,81	17,22	6,51	102,33
2000	3,89	18,13	6,59	113,89
4000	3,92	18,72	6,60	128,66
6000	3,94	19,16	6,67	121,71
8000	3,95	19,17	6,71	134,26
10000	3,95	19,49	6,74	134,74

Tabelle 2.4: Anzahl der beeinflußten Dreiecke bzw. Tetraeder pro eingefügten Punkt beim Einfüge-Algorithmus, Anzahl der zu betrachten Gitterzellen pro Punkt beim 2D- bzw. 3D-Gitter-Algorithmus.

Der Plane-Sweep-Algorithmus

Der Plane-Sweep-Algorithmus ist für kleine und mittelgroße Punktmenge der beste Algorithmus, er zeigt auch bei ungleichmäßigen verteilten Punktmengen stabiles Laufzeitverhalten. Ein weiterer Vorteil dieses Algorithmus besteht im geringen Speicherbedarf ($O(n)$). Die einfache Plane-Sweep-Technik erlaubt eine einfache Implementierung des Algorithmus. Kleine Schwierigkeiten bestehen bei der Bestimmung des Intervalls, in dem ein Punkt liegt. Ganz besonders beim Plane-Sweep-Algorithmus ist auf numerische Stabilität zu achten. Bei der Implementatierung konnten bereits kleinste Punktmengen nicht richtig trianguliert werden, weil die Bestimmung des Intervalls nicht numerisch stabil war. Mit der oben beschriebenen Methode konnte die Stabilität des Algorithmus enorm verbessert werden. Weil nun die Berechnung des Intervalls mit dieser Methode auf das Umkreiskriterium zurückgeführt wird, erhält der Plane-Sweep-Algorithmus in etwa die gleiche Robustheit wie alle anderen Triangulierungsalgorithmen.

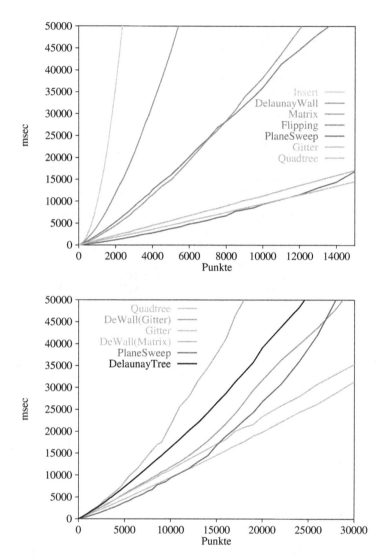

Abbildung 2.30: Laufzeiten der zweidimensionalen Algorithmen: Insert = Einfüge-Algorithmus, Quadtree = Einfüge-Algorithmus mit Quadtree, DeWall(Gitter) = Delaunay-Wall-Alg. mit regelmäßigem Gitter, Gitter = Shelling mit regelmäßigem Gitter, DeWall(Matrix) = Delaunay-Wall-Alg. mit spärlicher Matrix, Matrix = Shelling mit spärlicher Matrix, DelaunayWall = Delaunay-Wall-Alg. ohne Suchstruktur, Flipping-Algorithmus, PlaneSweep-Algorithmus, Delaunay-Tree-Algorithmus

Anzahl Punkte	Quad-tree	DeWall (Gitter)	Gitter	DeWall (Matrix)	Matrix	DeWall	Insert	Plane Sweep	Delny.-Tree	Flip
100	70	100	110	100	110	170	130	40	80	130
200	150	200	210	210	250	420	490	90	190	310
400	330	400	420	480	570	1120	1750	180	430	740
600	490	610	650	750	1000	2010	3700	290	670	1220
800	660	800	860	1050	1420	2950	6250	390	940	1700
1000	830	1040	1090	1330	1870	4050	9560	520	1190	2220
2000	1710	2160	2220	2910	4640	11090	35880	1180	2580	5260
4000	3460	4480	4550	6570	11890	29920	–	2840	5700	12600
6000	5320	6980	6760	11260	20170	54910	–	4820	9080	20140
8000	7160	9460	9080	16410	29650	–	–	6800	12620	28280
10000	9040	11860	11350	22350	39960	–	–	9420	16270	36030

Tabelle 2.5: Laufzeiten der zweidimensionalen Algorithmen in msec, gemessen auf einer Silicon Graphic R4000

Anzahl Punkte	Octree	DeWall (Gitter)	Gitter	DeWall (Matrix)	Matrix	DeWall	Insert
100	320	590	670	770	930	950	1250
200	700	1480	1620	1910	2660	2850	4580
400	1560	3520	3820	4970	8100	7860	17080
600	2430	5280	5960	8370	14980	14350	38160
800	3390	7570	8510	12310	23720	22820	66270
1000	4320	9300	10710	16920	33710	32230	–
2000	9160	20190	23240	42650	–	–	–
4000	19990	43040	50080	–	–	–	–

Tabelle 2.6: Laufzeiten der dreidimensionalen Algorithmen in msec, gemessen auf einer Silicon Graphic R4000

Der Algorithmus mit Suchstrukturen

Die Implementation dieses Algorithmus ist wegen der Suchstrukturen ziemlich aufwendig. Es ist darauf zu achten, daß das Suchen in beiden Strukturen so effizient wie möglich geschieht. Beide Algorithmen besitzen gute Laufzeiten, wobei der Gitter-Algorithmus eindeutig schneller ist als der Matrix-Algorithmus. Das in [FP92] beschriebene lineare Laufzeitverhalten des Matrix-Algorithmus konnte allerdings nicht ermittelt werden. Der Gitter-Algorithmus besitzt bei gleichmäßiger Verteilung der Punktmenge ein lineares Laufzeitverhalten und ist ein ernsthafter Konkurrent zu anderen schnellen Algorithmen. Während der maximale Speicherbedarf des zweidimensionalen Gitters bei optimaler Wahl der Gittergröße bei $O(n^2)$ und der maximale Speicherbedarf des dreidimensionalen Gitters bei $O(n^3)$ liegt, besitzt die spärliche Matrix in beiden Dimensionen einen maximalen Speicherbedarf von $O(n)$. Die dreidimensionalen Suchstrukturen können bei Vorhandensein der zweidimensionalen Suchstrukturen durch Ergänzung der dritten Dimension relativ einfach implementiert werden: im regelmäßigen Gitter muß in diesem Fall ein dreidimensionales Feld von Zellen und in der spärlichen Matrix zusätzlich zu der Spaltenliste (Xlist) und der Zeilenliste (Ylist) eine 'Tiefenliste' (Zlist) angelegt werden. Eine kleine Schwierigkeit tritt bei der Implementation der Suchfunktion *getThird()* auf, die völlig neu implementiert werden muß, siehe Kapitel 2. Der dreidimensionale Gitter-Algorithmus besitzt unter der Bedingung, daß die zu triangulierende Punktmenge gleichmäßig verteilt ist, auch ein nahezu lineares Laufzeitverhalten. Analog zum zweidimensionalen Matrix-Algorithmus besitzt der Algorithmus, der zum Suchen eine dreidimensionale spärliche Matrix benützt, eine schlechtere Laufzeit als der Gitter-Algorithmus.

Vergleich zwischen Gitter und spärlicher Matrix

Der Vergleich zwischen dem Gitter-Algorithmus und dem Matrix-Algorithmus zeigt, daß das regelmäßige Gitter eindeutig die bessere Suchstruktur ist. Das liegt im wesentlichen an der Bereichsuche (Bestimmung aller Punkte in einem vorgebenen Bereich bzw. Rechteck), einer der Hauptaufgaben der Suchstrukturen. Diese Bereichsuche kann im regelmäßigen Gitter sehr effizient geschehen, wohingegen in der spärlichen Matrix überflüssige Punkte (bzw. Spalten und Zeilen) betrachtet werden müssen. Die Bereichsuche in der spärlichen Matrix geschieht durch Projektion aller Punkte auf die x-Achse und durch Projektion auf die y-Achse. Anschließend wird der Schnitt der Menge aller Punkte, die im Intervall des x-Bereichs liegen, mit der Menge aller Punkte im Intervall des y-Bereichs, berechnet. Leider müssen sowohl die gesamte Punktmenge im x-Bereich als auch die gesamte Punktmenge im y-Bereich für die Schnittberechnung betrachtet werden. Die Anzahl der Punkte, die dabei betrachtet werden und nicht zum Schnitt gehören, kann maximal proportional zu der Anzahl aller Punkte sein. Die Bereichsuche in der dreidimensionalen Matrix ist gegenüber dem zweidimensionalen Fall schlechter, da der Schnitt von drei Projektionen berechnet werden muß.

Für die zweidimensionale Matrix schlagen daher Piegl und Fang [FP92] eine dynamische Verkleinerung der spärlichen Matrix vor. Dabei werden alle Punkte aus der Matrix entfernt, die beim Shelling-Verfahren bereits von allen Seiten 'umrundet' worden sind. Eigene Untersuchungen haben allerdings gezeigt, daß das dynamische Verkleinern keine Verbesserung der Laufzeit bringt. Es liegt daran, daß beim Shelling-Verfahren die Matrix von innen heraus ausgedünnt wird. Da aber die neuen Dreiecke nach außen angebaut werden, wird sehr oft im nicht ausgedünnten Bereich gesucht.

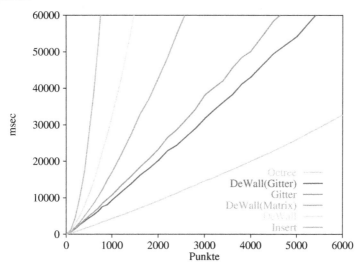

Abbildung 2.31: Laufzeiten der dreidimensionalen Algorithmen: Octree = Einfüge-Alg. mit Octree, DeWall(Gitter) = Delaunay-Wall-Alg. mit regelmäßigem Gitter, Gitter = Suchen mit regelmäßigem Gitter, DeWall(Matrix) = Delaunay-Wall-Alg. mit spärlicher Matrix, Matrix = Suchen mit spärlicher Matrix, DeWall = Delaunay-Wall-Alg. ohne Suchstruktur, Insert = Einfüge-Algorithmus

Der Delaunay-Wall-Algorithmus

Es gibt drei Möglichkeiten, den Delaunay-Wall-Algorithmus zu implementieren: das regelmäßige Gitter, die spärliche Matrix oder ohne Suchstruktur. Das Gitter und die Matrix können sehr gut zur Unterteilung der Punktmenge verwendet werden. Alle drei Varianten wurden getestet. Wenn auf dem Gitter gesucht wird, dann benötigt der Delaunay-Wall-Algorithmus in etwa die gleiche Zeit wie der Gitter-Algorithmus. Das Verfahren des Delaunay-Walls ist in diesem Fall lediglich eine Alternative zum Shelling-Verfahren. Erst bei Verteilung der Berechnung auf mehrere Prozessen reduziert sich die Laufzeit, vgl. [CMPS93]. Es sei hier an dieser Stelle bemerkt, daß das Gitter die ideale Technik für die Parallelisierung von Algorithmen der algorithmischen Geometrie ist, vgl. [AFKN89].

Die spärliche Matrix wird beim Delaunay-Wall-Algorithmus mit jeder Unterteilung um die Hälfte kleiner. Dabei entfallen die Zeilen bzw. Spalten von Punkten, die in der anderen Hälfte liegen. In diesem Fall wird die Matrix dynamisch verkleinert und die Bereichsuche enorm verbessert. Wird keine Suchstruktur verwendet, dann besitzt der Algorithmus wie ein 'normaler' Divide-and-Conquer-Algorithmus das Laufzeitverhalten von $O(n \log n)$, vgl. Tabelle 2.32.
Das gleiche Verhalten findet sich bei der Berechnung von Delaunay-Tetraedrisierungen mit dem Delaunay-Wall-Algorihmus. Auch hier kann der Delaunay-Wall-Algorithmus auf dem regelmäßigen Gitter oder auf der spärlichen Matrix suchen.

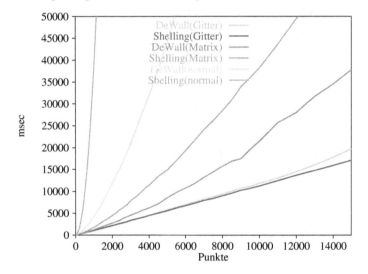

Anzahl	Shelling			Delaunay-Wall		
Punkte	Gitter	Matrix	normal	Gitter	Matrix	normal
200	210	250	1540	200	210	420
400	420	570	3360	400	480	1120
600	650	1000	13060	610	750	2010
800	860	1420	23330	800	1050	2950
1000	1090	1870	35630	1040	1330	4050
1200	1360	2380	51710	1290	1620	5260
1600	1780	3520	–	4140	2280	7900
2000	2220	4640	–	5330	2910	11090

Abbildung 2.32: Vergleich des Delaunay-Wall-Algorithmus mit dem Shelling-Verfahren

Kapitel 3

Datenstrukturen und Klassen

In diesem Abschnitt werden die für Triangulierungen und Tetraedrisierungen verwendeten Datenstrukturen beschrieben. Eine Klasse für zweidimensionale Delaunay-Triangulierungen konnte in der für OBMS (Object Based Modeling System) entwickelten Klassenhierarchie der polygonalen Netze integriert werden. Die Klasse *DelaunayMesh2D* wurde von der Klasse *TriangleMesh2D* abgeleitet, da die 2D-Delaunay-Triangulierung ein Spezialfall von zweidimensionalen Dreiecksnetzen ist. Analog dazu wurde für Tetraedrisierungen die Klassen *TetraMesh3D* und *DelaunayMesh3D* implementiert.

3.1 Polygonale Netze

Die Klasse der polygonale Netze (*Mesh*) ist in OBMS als eine abstrakte Klasse implementiert, in der sämtliche Daten und Methoden verwaltet werden, die allen Arten von polygonalen Netzen gemeinsam sind. Zu diesen Daten gehört die Polygonliste und die Liste der Randpolygone. Zu den Methoden dieser Klassen gehören u.a. Methoden zum Manipulieren dieser Daten. Die von der Klasse *Mesh* abgeleiteten Klassen *Mesh2D* und *Mesh3D* besitzen die Punktliste des Netzes und Methoden zum Manipulieren der Punkte. Es ist sinnvoll, ein zweidimensionales Netz (*Mesh2D*) von einem dreidimensionalen Netz (*Mesh3D*) zu unterscheiden, da sich viele Manipulationsalgorithmen auf zweidimensionalen Netzen einfacher implementieren lassen als auf dreidimensionalen Netzen.

Die Klasse MeshEl

Für die Verwaltung der Polygone eines Netzes ist die Klasse *MeshEl* zuständig. Diese Klasse enthält als Datum ein Feld von Indizes. Jeder Punkt des Polygons wird durch einen solchen Index in die Punktliste dargestellt. Die Trennung von Werten und Topologie des Netzes ist sinnvoll, weil u.a. dadurch der Speicherbedarf des Netzes um ein Vielfaches reduziert werden kann. Die Reihenfolge der Indizes muß der Reihenfolge der Punkte im Polygon entsprechen. Außerdem werden durch diese Reihenfolge auch die Kanten und die Orientierung des Polygons definiert. Die Kante $i_0 i_1$ im Mesh-Element $M_j = \{i_0, \ldots, i_k\}$, das dem Polygon $E_j = (p_{i_0}, \ldots, p_{i_k})$ entspricht, erhält die Nummer 0, die Kante $i_1 i_2$ die Nummer 1, usw. Die Numerierungen der Kanten ist für die Nachbarschaftsinformationen zwischen den Polygonen von großer Bedeutung. Abbildung 3.1 zeigt ein Beispiel eines polygonalen Netzes, das aus der Punktmenge $P = \{p_0, \ldots, p_5\}$ und den Polygonen $E_0 = \{p_0, p_1, p_2\}$, $E_1 = \{p_0, p_2, p_4, p_5\}$ und $E_2 = \{p_2, p_3, p_4\}$ besteht. In der Polygonliste des Netzes sind entsprechend die Mesh-Elemente $M_0 = (0, 1, 2)$, $M_1 = (0, 2, 4, 5)$ und $M_2 = (2, 3, 4)$ eingetragen. Die Ränder [1] eines polygonales Netzes sind Polygone, deren Informationen in Mesh-Elementen abgespeichert werden. Zur Unterscheidung von 'normalen' Mesh-Elementen erhalten diese eine Markierung und haben die entgegengesetzte Orientierung (das Innere dieser Polygone liegt außerhalb des Netzes).

Die Klassen Neighbour und NeighbourInfo

Eine Nachbarschaftsinformation, die in der Klasse *NeighbourInfo* realisiert ist, besteht aus einer Referenz auf ein Polygon und einer Kantennummer. Jedes Polygon besitzt für jede seiner Kanten genau eine Nachbarschaftsinformation, in der eine Referenz auf das an diese Kante angrenzende Nachbarpolygon und die Nummer der Kante im Nachbarpolygon eingetragen wird. Die Klasse *Neighbour* besteht aus einem Feld, in dem die Nachbarschaftsinformationen eines Polygons (entsprechend der Reihenfolge der Kanten) gespeichert werden. Die Klasse *MeshEl* wird von der Klasse *Neighbour* abgeleitet, somit erbt die Klasse *MeshEl* das Feld von Nachbarschaftsinformationen. Abbildung 3.2 zeigt die Nachbarschaften zwischen den Polygonen des Beispielnetzes aus Abbildung 3.1.

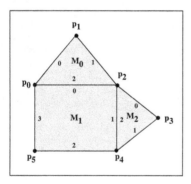

Abbildung 3.1: Beispiel eines polygonalen Netzes

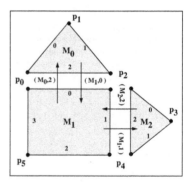

Abbildung 3.2: Nachbarschaftsbeziehungen zwischen den Polygonen

---

[1]In der Datenstruktur der polygonalen Netze können auch Netze mit inneren Löchern abgespeichert werden. Solche Netze besitzen dann mehrere Ränder.

Die Klasse TriangleMesh2D

Die Klasse *TriangleMesh2D* stellt eine abgeleitete Klasse von *Mesh2D* dar (vgl. Abbildung 3.3) und enthält eine Liste von Dreiecken. In dieser Klasse sind Methoden zum Lokalisieren von Dreiecken (zum Finden des Dreiecks, in dem ein gegebener Punkt liegt) implementiert. Dazu gehört die Quadtree-Datenstruktur, die bei Bedarf durch die Methode *createAccelerationStructure()* 'eingeschaltet' werden kann. Die wichtigste Methode dieser Klasse ist *getSurroundingEl()*. Bei nicht vorhandener Quadtree-Beschleunigungstruktur beginnt diese Methode die Suche nach dem umschließenden Dreieck bei einem zufällig gewählten Dreieck. Ist der Quadtree vorhanden, dann bestimmt der Quadtree anhand der eingetragenen Punkten ein gutes Startdreieck, bei dem dann die Suche startet.

Außerdem sind in dieser Klasse zwei Algorithmen zur Berechnung von beliebigen Triangulierungen realisiert, die die Eingabe für den Flipping-Algorithmus liefern: *triangulate()* und *insert()*. Der inkrementelle Einfüge-Algorithmus für beliebige Dreiecksnetze bestimmt das umschließende Dreieck eines Punktes und verbindet ihn mit den drei Punkten des gefundenen Dreiecks. Der Flipping-Algorithmus selbst wurde in der Klasse *TriangleMesh2D* auf abstraktem Niveau implementiert. Die Methode *flip()* greift im wesentlichen auf eine virtuelle Methode der Klasse *DelaunayMesh2D* zurück, die lediglich nur bestimmt, ob ein Dreieckspaar geflippt werden darf oder nicht. Somit ist es möglich, neue Flipping-Algorithmen mit anderen Flip-Kriterien durch Ableiten einer neuen Klasse zu implementieren.

Die Klasse DelaunayMesh2D

In der von *TriangleMesh2D* abgeleiteten Klasse *DelaunayMesh2D* (vgl. Abbildung 3.3) stehen zahlreiche Methoden zur Verfügung, in denen die in Kapitel 2 vorgestellten Algorithmen realisiert sind. Die Methode *triangulate()* bestimmt die Delaunay-Triangulierung entweder mit der Suchstruktur des uniformen Gitters oder mit der Suchstruktur der spärlichen Matrix. Dabei wird das Shelling-Verfahren verwendet. Die Methode *insert()* ist die Schnittstelle zum inkrementellen Einfüge-Algorithmus und erwartet als Parameter einen einzelnen Punkt oder eine Menge einzufügender Punkte. Vor dem Einfügen einer Punktmenge wird zuerst eine Permutation bestimmt und die Punkte in der randomisierten Reihenfolge eingefügt. Der Plane-Sweep-Algorithmus ist in der Methode *planesweep()* und der parallelisierbare D&C Delaunay-Wall-Algorithmus in der Methode *dewall()* realisiert.

Die Klasse TriangulateStructure2D

Die Klasse *TriangulateStructure2D* bildet eine abstrakte Klasse, von der die beiden Suchstrukturen *TriangulateGrid2D* und *TriangulateMatrix2D* abgeleitet sind, vgl. Abbildung 3.3. Die Methoden *getFirst()*, *getSecond()*, *getThird()* und *getFirstSecond()* sind hier auf abstrakten Niveau implementiert und greifen durch virtuelle Methoden der abgeleiteten Klassen auf die Daten der jeweiligen Suchstrukturen.

Zu diesen virtuellen Methoden gehören das Bestimmen des Suchgebietes, das Vergrößern des Suchgebietes und das Absuchen von Zellen bzw. Zeilen und Spalten nach Punkten, z.B. *getBBox()*, *increaseBBox()* und *scanBBox()*. Bei den dreidimensionale Suchstrukturen *TriangulateStructure3D*, *TriangulateMatrix3D* und *Triangulate-Grid3D* wurde das gleiche objektorientierte Konzept verwendet.

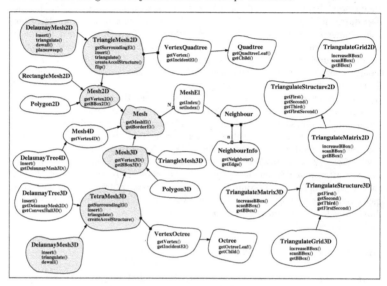

Abbildung 3.3: Klassenhierarchie der polygonalen Netze

3.2   Tetraedrisierungen

Die oben vorgestellte Datenstruktur der polygonalen Netze erlaubt mit geringen Modifikationen und einer anderen Interpretation der Mesh-Elemente die Verwaltung von Tetraedrisierungen. Bei der Datenstruktur der polygonalen Netze entspricht ein Mesh-Element einem Polygon des Netzes. Bei der implementierten Datenstruktur für Tetraedrisierungen wird ein Mesh-Element mit vier Indizes als einen Tetraeder interpretiert. Jeder dieser vier Indizes weist in die Punktliste der Tetraedrisierung. Die Reihenfolge der Indizes in den Mesh-Elementen ist hier im wesentlichen beliebig, sie legt lediglich die Seitenflächen und die Orientierung des Tetraeder fest. Die Seitenflächen eines Tetraeders sind 2-Facetten, also Kombinationen von jeweils drei Punkten des Tetraeders. Abbildung 3.4 zeigt eine Tetraedrisierung, die aus der Punktliste $P = \{p_0, p_1, p_2, p_3\}$ und aus einem einzelnen Tetraeder T besteht, der durch das Mesh-Element $M = (0, 1, 2, 3)$ festgelegt ist. Die Seitenflächen von T sind $F_0 = \{p_1, p_2, p_3\}$, $F_1 = \{p_0, p_3, p_2\}$, $F_2 = \{p_3, p_0, p_1\}$ und $F_3 = \{p_2, p_1, p_0\}$. Die Sei-

tenflächen der einzelnen Tetraeder werden in der Datenstruktur nicht abgespeichert.
Die Nummer einer solcher Fläche, die für die Nachbarschaftsinformationen zwischen
Tetraedern von Bedeutung ist, ist durch die Nummer des Punktes bzw. durch die
Stelle des Punktes im Mesh-Element bestimmt, der dieser Fläche gegenüberliegt. Im
Beispiel aus der Abbildung 3.4 erhält die Seitenfläche $F_0 = \{p_1, p_2, p_3\}$ die Nummer
0, da p_0 F_0 gegenüberliegt und p_0 derjenige Punkt ist, auf den der erste Index im
Mesh-Element $M = (0, 1, 2, 3)$ zeigt. $F_1 = \{p_0, p_3, p_2\}$ liegt dem Punkt p_1 gegenüber
und erhält die Nummer 1, $F_2 = \{p_3, p_0, p_1\}$ die Nummer 2, usw.

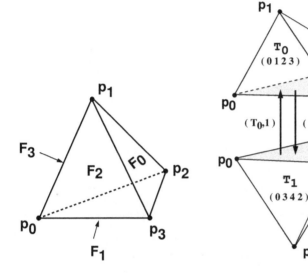

Abbildung 3.4: Tetraeder mit Mesh-
Element $M = (0, 1, 2, 3)$ und seinen
Seitenflächen $F_0 = \{p_1, p_2, p_3\}$, $F_1 =$
$\{p_0, p_3, p_2\}$, $F_2 = \{p_3, p_0, p_1\}$ und $F_3 =$
$\{p_2, p_1, p_0\}$.

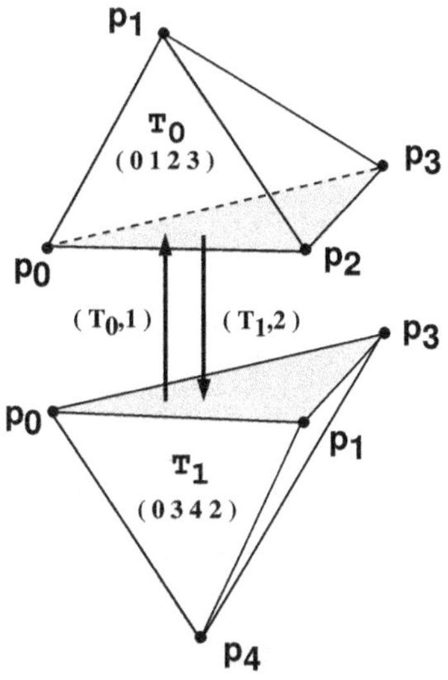

Abbildung 3.5: Nachbarschaftsbeziehungen zwischen zwei Tetraedern

In der implementierten Datenstruktur werden nur die Nachbarschaftsbeziehungen zwischen zwei Tetraedern gespeichert, die eine Seitenfläche gemeinsam haben.
Diese Informationen reichen für sämtliche Algorithmen vollkommen aus. Zum Beispiel ist es möglich, in konstanter Zeit die Nachbarschaftsbeziehungen an Kanten
zu bestimmen. Jeder Tetraeder besitzt zu jeder seiner vier Seitenflächen genau eine
Nachbarschaftsinformation, die aus einer Referenz auf den angrenzenden Nachbartetraeder und der Flächennummer des Nachbartetraeders besteht, vgl. Abbildung
3.5. Die Nachbarschaftsinformationen eines Mesh-Elementes sind entsprechend den
Nummern der Seitenflächen in dem Feld der Klasse *Neighbour* eingetragen. Damit

können die Klassen *Neighbour* und *NeighbourInfo* für die Verwaltung von Tetraedrisierungen verwendet werden.
Der Rand der Tetraedrisierung kann als ein dreidimensionales polygonales Netz abgespeichert werden. Jede Randfläche kann durch ein Mesh-Element mit drei Indizes und vier Nachbarschaftsinformationen beschrieben werden. Die drei Indizes zeigen in die Punktliste der Tetraedrisierung. Die Nachbarschaftsbeziehungen zu den drei Nachbardreiecken auf dem Rand werden in den ersten drei Nachbarschaftsinformationen gespeichert. Die Referenz der vierten Nachbarschaftsinformation zeigt auf den Tetraeder, zu dem diese Randfläche gehört.
Es wurden zwei neue Klassen für Tetraedrisierungen (*TetraMesh3D* und *DelaunayMesh3D*) implementiert, die von der Klasse *Mesh3D* abgeleitet sind, vgl. Abbildung 3.3. Analog zur Klasse *TriangleMesh2D* stellt die Klasse *TetraMesh3D* eine beliebige dreidimensionale Tetraedrisierung dar und enthält u.a. Methoden zum Lokalisieren von Punkten. Als optionales Datum besitzt diese Klasse die Beschleunigungsstruktur des Octrees, der mittels der Methode *createAccelerationStructure()* eingeschaltet werden kann. Die wichtigste Methode dieser Klasse ist *getSurroundingEl()*, die denjenigen Tetraeder zurückgibt, in dem ein gegebener Punkt liegt. Abgeleitet von *TetraMesh3D* ist die Klasse *DelaunayMesh3D*, die sämtliche Algorithmen zur Berechnung von Delaunay-Tetraedrisierungen enthält. Dazu gehören u.a. die Methoden *insert()*, *dewall()* und *triangulate()*.
Diese auf den polygonalen Netzen basierende Datenstruktur für Tetraedrisierungen wurde aus Gründen der Effizienz und des Speicherbedarf gewählt, denn die Einfachheit dieser Struktur erlaubt schnelle Routinen zum Modifizieren. Erweiterungen dieser Datenstruktur zu allgemeinen CSG-Modellen ist allerdings nicht möglich. Als Alternative könnte die in [BF90] vorgeschlagene Datenstruktur für Tetraedrisierungen implementiert werden, die auf einer CSG-Datenstruktur (Radial-Edge- oder Half-Edge-Datenstruktur) basiert und Modifikationen mittels Euler-Operationen [Man86] [BHS80] erlaubt.

Die Klassen DelaunayTree3D und DelaunayTree4D

Der inkrementelle Algorithmus kann in einer um eins höheren Dimension als Konvexe-Hülle-Algorithmus implementiert werden. Alle Punkte der zweidimensionalen Triangulierung und die Dreiecke liegen auf dem Rand der konvexen Hülle des entstehenden Paraboloiden. Beim 'Einfügen' eines Punktes wird dieser mit allen sichtbaren Randdreiecken verbunden. Die dabei entstehenden Tetraeder bauen eine Tetraedrisierung auf, die zum Finden eines sichtbaren Randdreiecks benutzt werden kann. Wegen der bereits vorhandenen Methode *getSurroundingEl()* in der Klasse *TetraMesh3D* und wegen der Nachbarschaften in der Klasse *TetraMesh3D*, die die Baumstruktur aufbauen, wurde für die Realisierung des Delaunaybaumes die Datenstruktur des *TetraMesh3D* gewählt und als abgeleitete Klasse *DelaunayTree3D* implementiert. Die Klasse des Delaunaybaums hält sich nur einen Zeiger auf den Tetraeder in der Wurzel des Baumes, die Nachbarschaften bilden die Zeiger auf die Kinder bzw. Geschwister des Baumes. Eine Methode *getDelaunayMesh2D()* entfernt alle oberen Facetten der konvexen Hülle und projiziert die Punkte in die Ebene. Diese Datenstruktur kann natürlich auch zur Bestimmung der konvexen Hülle einer dreidimensionalen Punktmenge benutzt werden. Die Methode *getConvexHull()* bestimmt nach dem 'Einfügen' aller Punkte die konvexe Hülle und gibt diese als ein *TriangleMesh3D* zurück. Analog zum *DelaunayTree3D* wurde der *DelaunayTree4D* implementiert, der eine Suchstruktur zum Berechnen der konvexen Hülle einer vierdimensionalen Punktmenge bzw. der Delaunay-Triangulierung einer dreidimensionalen Punktmenge darstellt.

Kapitel 4

Visualisierung

Delaunay-Tetraedrisierungen lassen sich im Gegensatz zu zweidimensionalen Delaunay-Triangulierung sehr schlecht visualisieren. Das gleiche gilt für sämtliche dreidimensionalen Unterteilungen. Drahtgittermodelle von Tetraedrisierungen können den gewünschten räumlichen Eindruck nicht vermitteln, da diese keine Informationen über die Entfernungen der Linien zum Beobachter enthalten. Das Depth-Cueing-Verfahren, bei dem Linienteile entsprechend ihrer Entfernung zum Beobachter eingefärbt werden, ist für die Visualisierung von großen Tetraedrisierungen nicht verwendbar. Verdeckungsrechnungen (Hidden-Line) und die bekannten Shading-Verfahren erlauben nur eine Visualisierung des sichtbaren Teils der Tetraedrisierung, der im wesentlichen nur aus dem Rand der Tetraedrisierung besteht. In diesem Kapitel werden nun einige interaktive Methoden vorgestellt, mit denen man einen Einblick in das Innere von Tetraedrisierungen bzw. Unterteilungen gewinnen kann. Zuerst werden die einzelnen Methoden vorgestellt, die durch Kombination ein mächtiges Werkzeug für die Visualisierung bilden. Für die Implementierung dieses Visualisierungsprogramm wurden die Klassen und Funktionen der Klassenbibliothek 'Inventor' von SGI benutzt. Der Vorteil für die Verwendung von Inventor ist es, daß elementare Funktionen wie z.B. Translation, Skalierung und Rotation der Szene bereits zur Verfügung stehen, so daß der Schwerpunkt auf die Realisierung der neuen Methoden gelegt werden kann.

Bei Inventor wird die Szene in Form eines Baumes aufgebaut. Die Knoten des Baumes können entweder Objekte der Szene selbst oder Transformationen, Attribute wie z.B. Farben, Sichtbarkeit, usw. sein. Bei der Visualisierung wird der Baum in präorder abgearbeitet, dabei wirken sich alle vorher bearbeiteten Transformationen und Attribute auf die nachfolgenden Objekte der Szene aus, sofern dies nicht durch zusätzliche Knoten ausgeschlossen wird.

4.1 Die Schichten-Methode

Bei der Schichten-Methode werden die Schnitte der Triangulierung mit jeweils einer Ebene E_i einer Schar von parallelen Ebenen $\mathcal{E} = \{E_0, \ldots, E_n\}$ berechnet. Der Abstand der einzelnen Schichten zueinander ist konstant und kann vom Beobachter frei gewählt werden. Bei der Berechnung der Schichten müssen die Tetraeder der Triangulierung mit der Ebene $E_i \in \mathcal{E}$ geschnitten und die entstehenden Schnittflächen mit unterschiedlichen Farben eingefärbt werden. Um das Berechnen der Schichten zu beschleunigen, kann die Space-Sweep-Methode verwendet werden. Dabei werden die Tetraeder nach ihrer Entfernung zum Beobachter sortiert: in der Min-Liste sind die Tetraeder nach der minimalen Entfernung zum Beobachter sortiert, in der Max-Liste nach der maximalen Entfernung. Anhand der Min-Liste und der Max-Liste können nun die Tetraeder schnell gefunden werden, die durch eine Verschiebung der Ebene entweder aus der Menge der aktiven Tetraeder entfernt oder in diese Menge eingetragen werden müssen.

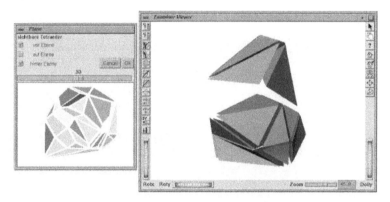

Abbildung 4.1: Kombination der Schichten- und der Ebenenmethode: im Kontrollfenster (linkes Fenster, oberer Teil) kann die Entfernung der Ebene mittels eines Schiebers eingestellt werden. Im darunterliegenden Fensterteil wird der Schnitt der Ebene mit der Tetraedrisierung angezeigt. Im rechten Fenster werden alle Tetraeder angezeigt, die nicht auf der Ebene liegen.

4.2 Die Ebenenmethode

Eine Variante der obigen Methode besteht darin, anstatt der Schnittberechnungen die von der Ebene geschnittenen Tetraeder anzuzeigen und die anderen Tetraeder, die sich vor der Ebene oder hinter der Ebene befinden, auszublenden. In der Klassenbibliothek Inventor kann dies geschehen, indem für jeden Tetraeder ein eigener Teilbaum im Szenengraphen gebaut wird, der einen *SoDrawStyle*-Knoten enthält, in dem man die Attribute 'Filled' oder 'Invisible' ändern kann. Ein einzelner Tetraeder kann nun ausgeblendet werden, indem in diesem Knoten das Attribut auf 'Invisible' gesetzt wird. Desweitern muß darauf geachtet werden, daß die Tetraeder mit unterschiedlichen Farben eingefärbt werden. Dies geschieht durch einen weiteren Knoten *SoMaterial*, dessen Farbattribut auf eine zufällig gewählte Farbe gesetzt wird. Abbildung 4.4 auf Seite 86 zeigt den Szenengraphen. Eine interessante Variante besteht in der Ausblendung der vor der Ebene liegenden Tetraeder und der von der Ebene geschnittenen Tetraeder. Dabei wird eine Front der hinter der Ebene liegenden Tetraeder sichtbar. Im weiteren gibt es insgesamt acht Möglichkeiten, die drei Teilmengen anzuzeigen oder auszublenden. Abbildung 4.1 zeigt eine Tetraedrisierung, bei der alle auf der Ebene liegenden Tetraeder ausgeblendet wurden.

Im entwickelten Programm ist es möglich, eine Ebene senkrecht zur Blickrichtung zu wählen. Die Entfernung der Ebene zum Beobachter kann mittels einem Schieber eingegeben werden. In einem weiteren Feld kann der Beobachter angeben, welche der acht möglichen Varianten verwendet werden soll, d.h. welche Teilmenge von Tetraedern ausgeblendet und welche angezeigt wird. Anschließendes Drehen der Szene erlaubt die Betrachtung der noch sichtbaren Tetraeder von allen Seiten.

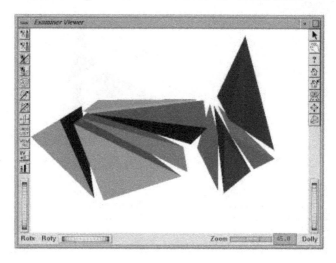

Abbildung 4.2: Die Menge der von einem Strahl getroffenen Tetraeder.

4.3 Die Strahlmethode

Eine weitere sehr einfache Methode, die Strahlmethode, unterteilt die Szene in zwei Mengen: die Menge der getroffenen Tetraeder oder die Menge der nicht getroffenen Tetraeder. Eine der beiden Mengen wird ausgeblendet, die andere wird gezeigt. Zur Bestimmung der getroffenen Tetraeder kann die Pickfunktion der Inventor-Klassenbibliothek verwendet werden. Diese Funktion liefert als Ergebnis alle Objekte (Tetraeder) zurück, die von einem Strahl getroffen werden. Im entwickelten Programm beginnt ein Strahl immer im Punkt des Beobachters, die Richtung des Strahls kann mit der Maus festgelegt werden.

4.4 Die Picking-Methode

Bei der Picking-Methode kann der Beobachter selbst die Tetraeder wählen, die ausgeblendet werden sollen. Dafür kann wie bei der Strahlmethode die Pickfunktion der Klassenbibliothek Inventor genutzt werden. Im Programm wird der aus obiger Methode bekannte Szenengraph erweitert. Um einen einzelnen Tetraeder picken zu können, muß er einen *SoPickStyle*-Knoten in seinem Teilbaum enthalten, der auf den Wert 'pickable' gesetzt ist. Da immer der erste sichtbare Tetraeder 'gepickt' werden soll, müssen alle ausgeblendeten Tetraeder das Attribut 'unpickable' erhalten. Außerdem wurde eine Unpick-Funktion realisiert, die es erlaubt, den zuletzt gepickten Tetraeder wieder einzublenden.

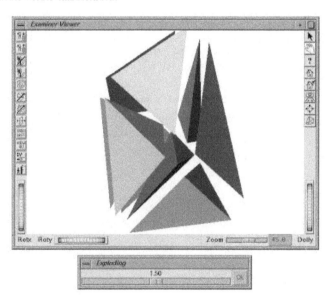

Abbildung 4.3: Einstellung des Skalierungsfaktors mittels eines Schiebers bei der Explosionsmethode.

4.5 Die Explosionsmethode

Eine weitere Funktion im Programm erlaubt das Auseinanderschieben der Tetraeder (Abbildung 4.3). Um diesen Effekt zu erzielen, wird zuerst die gesamte Szene um einen Faktor $d, d > 1$ skaliert und anschließend jeder einzelne Tetraeder auf seine ursprüngliche Größe gestaucht. Eine Erweiterung des oben vorgestellten Szenengraphen enthält einen *SoScale*-Knoten, der für die Skalierung der gesamten Triangulierung verantwortlich ist. Jeder einzelne Tetraeder enthält in seinem Teilbaum zwei *SoTranslation*-Knoten und einen *SoScale*-Knoten, die die zentrische Streckung um den Faktor $\frac{1}{d}$ im Schwerpunkt des Tetraeders vornehmen, vgl. Abbildung 4.4. Bei Änderung des Faktors d durch den Beobachter müssen nur die *SoScale*-Knoten im Szenengraph auf den neuen Wert gesetzt werden. Da Inventor jede Änderung im Szenengraphen bemerkt, wird sofort die neue Szene mit den neuen Werten berechnet und gezeichnet

4.6 Das Visualisierungsprogramm showTetra

Das entwickelte Visualiserungsprogramm *showTetra* besitzt außerdem die folgenden Eigenschaften:

- Kombination der Picking-Methode, der Exploding-Methode, der Strahlmethode und der Ebenenmethode. Das Ausblenden von Tetraedern mittels einer der implementierten Methoden sind in *showTetra* Aktionen, die hintereinander ausgeführt werden können.

- Die jeweils zuletzt ausgeführte Aktion kann rückgängig gemacht werden.

- Kamerapositionen können abgespeichert werden. Damit ist Betrachten der Szene von allen Seiten möglich, ohne eine bestimmte Position zu verlieren.

- Der jeweils sichtbare Szenengraph kann auf Platte gespeichert werden und weiter verarbeitet werden.

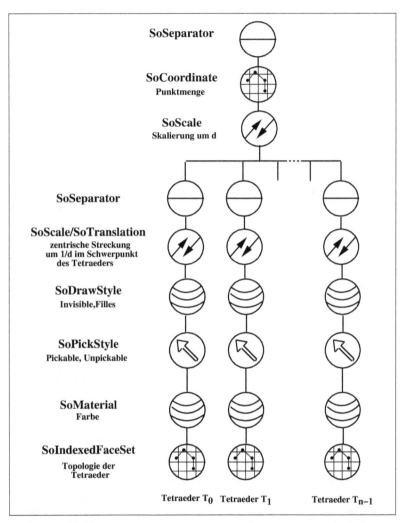

Abbildung 4.4: Inventor-Szenengraph im Programm *showTetra*

Kapitel 5

Anwendungen

5.1 Netzgenerierung

Die Netzgenerierung [HL89] ist ein wichtiges Gebiet in der geometrischen Modellierung. Die parametrisierte Beschreibung von Freiformflächen ist für viele Algorithmen und Anwendungen, wie z.b. Visualisierung, Stereolithographie und Finite-Elemente-Methode, nicht geeignet oder nicht ausreichend. Die Flächen müssen daher durch polygonale Netze approximiert werden. Es hat sich gezeigt, daß sich vor allem die zweidimensionalen Delaunay-Triangulierungen (im Parametergebiet) wegen der folgenden Eigenschaften besonders gut für die Approximation dieser Flächen eignet:

- Die Delaunay-Triangulierung besitzt die Min-Max-Eigenschaft, vgl. Lemma 1.55. Die Winkel der Triangulierung sind optimal gegenüber allen anderen Triangulierungen. Mit Benutzung der Delaunay-Triangulierung bei der Netzgenerierung wird weitgehend vermieden, daß Netze mit spitzen oder stumpfen Winkeln entstehen. [1]

- Der Einfüge-Algorithmus zum Einfügen einzelner Punkte erlaubt adaptive Verfeinerung von Netzen. Außerdem entstehen bei einem Unterteilungsschritt weniger Dreiecke und Punkte als bei anderen Unterteilungsverfahren, vgl. Abbildung 5.1.

- Bei Verwendung der Delaunay-Triangulierung für die adaptive Unterteilung von Dreiecksnetzen entstehen keine T-Vertices. T-Vertices können zu ungewollten Löchern in der zu darstellenden Fläche bzw. Objekt führen.

5.1.1 Bedingte Delaunay-Triangulierung

Eine wesentliche Aufgabe der Netzgenerierung besteht aus der Berechnung von zweidimensionalen Netzen, die bestimmte Kanten (constraints) enthalten. So müssen zum Beispiel beim Radiosity-Verfahren Schattengrenzen in triangulierte Oberflächen

---

[1]Bei der Approximation von Oberflächen durch eine Delaunay-Triangulierung im Parametergebiet überträgt sich diese Eigenschaft in den $\mathbb{R}^3$ im allgemeinen nicht. Bei abwickelbaren und ebenen Oberflächen bleibt dagegen die Min-Max-Eigenschaft im $\mathbb{R}^3$ erhalten.

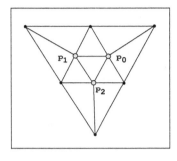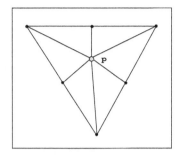

Abbildung 5.1: Diese Methode der Verfeinerung im linken Bild unterteilt das mittlere Dreieck in vier Dreiecke. Es entsteht eine Triangulierung mit 3 zusätzlichen Punkten und 10 Dreiecken. Bei Verwendung der Delaunay-Triangulierung im rechten Bild wird nur ein Punkt eingefügt und eine Triangulierung mit 6 Dreiecken entsteht.

eingebaut werden. Die Parametergebiete von getrimmten parametrisierten Flächen werden für die Visualisierung durch Netze approximiert, dabei müssen die Trimming-Kurven in das Netz miteinbezogen werden. Eine Verallgemeinerung der Delaunay-Triangulierung, die bedingte Delaunay-Triangulierung (CDT), bildet für diese Anforderungen eine wichtige Grundlage und wird im folgenden definiert:

Definition 5.1 (Visibilitätsgraph) *Gegeben sei eine Menge* $P = \{p_0, \ldots, p_n\} \in$ $I\!\!R^2$ *von Punkten und eine Menge von sich nicht schneidenen Liniensegmenten* $L = \{\overline{p_k p_l} \mid p_k, p_l \in P, k \neq l\}$. *Zwei Punkte* p_i *und* p_j *heißen gegenseitig sichtbar bzgl.* L, *falls kein Liniensegment aus* L *existiert, das die Verbindungslinie* $\overline{p_i p_j}$ *schneidet. Für jeden Punkt* $p_i \in P$ *sei* $W_L(p_i)$ *die Menge von Punkten aus* P, *die von* p_i *bzgl.* L *sichtbar sind.* $W_L(p_i)$ *heißt die Visibilität von Punkt* p_i *Der Graph* $G_L = (P, E_L)$ *heißt Visibilitätsgraph von* P *bzgl.* L, *wobei* $E_L = \{(p_i, p_j) \mid p_i \in W_L(p_j)\}$.

Definition 5.2 (Bedingte Delaunay-Triangulierung) *Seien* P, L *und* W_L *wie oben definiert. Eine bedingte Delaunay-Triangulierung (constrained Delaunay triangulation)* $CDT(P, L)$ *ist eine Triangulierung von* P *mit der Eigenschaft, daß der Umkreis jeden Dreiecks* $t = \Delta(p_0, p_1, p_2) \in CDT(P, L)$ *keinen anderen Punkt* $p \in P \cap W_L(p_0) \cap W_L(p_1) \cap W_L(p_2)$ *enthält.*

In der Regel bedeutet die Berechnung von bedingten Delaunay-Triangulierungen die Berechnung der Visibilitäten, im schlimmsten Fall sogar die Berechnung des gesamten Visibilitätsgraphen. Mit zusätzlichen, einfachen Modifikationen und Erweiterungen in den meisten der in dieser Arbeit vorgestellten Algorithmen lassen sich bedingte Delaunay-Triangulierungen berechnen:

1. Der Einfüge-Algorihmus zur Berechnung von bedingten zweidimensionalen Delaunay-Triangulierungen fügt Liniensegmente in eine bereits bestehende Triangulierung ein. Bei diesem Schritt werden zunächst die beiden Endpunkte des

Segmentes p_1 und p_2 eingefügt, anschließend sämtliche Dreiecke bestimmt, die von dem Segment $\overline{p_1 p_2}$ geschnitten werden. Diese Dreiecke bilden das beeinflußte Gebiet des Liniensegments $\overline{p_1 p_2}$, das an der Diagonalen $\overline{p_1 p_2}$ in zwei Teile zerfällt. Durch separate Triangulierung der beiden Teile entsteht eine bedingte Delaunay-Triangulierung, die das Liniensegment $\overline{p_1 p_2}$ enthält [FP88]. Zum Bestimmen des beeinflußten Gebiet kann zum Suchen eines geeigneten Startdreiecks die Beschleunigungsstruktur des Quadtrees verwendet werden.

2. Nach Definition 5.2 dürfen bei der Bestimmung des dritten Punktes nur Punkte ausgewählt werden, die von beiden Endpunkten der Kante $p_1 p_2$ aus sichtbar sind. Diese Sichtbarkeitsrechnung muß aus diesem Grund unmittelbar vor dem Umkreis-Test erfolgen und alle in den Zellen des Suchgebietes gefundenen, unsichtbaren Punkte aus der Menge der möglichen Kandidaten entfernen. Eine einfache Sichtbarkeitsrechnung berechnet den Schnitt der Verbindungsgeraden zwischen den Kandidaten und p_1 bzw. p_2 mit allen Liniensegmenten aus L. Um allerdings viele unnötige Schnittberechnungen sparen zu können, können (falls ein Gitter zum Suchen des dritten Punktes verwendet wird) die Liniensegmente in das Gitter eingetragen werden. Damit beschränkt sich nun die Sichtbarkeitsrechnung auf die Segmente, die das Suchgebiet schneiden oder die im Suchgebiet liegen. Zum Eintragen der Liniensegmente in die Gitterzellen kann der Bresenham-Algorithmus verwendet werden. Mit diesem zusätzlichen Sichtbarkeitstest kann der Gitter-Algorithmus, aber auch der Delaunay-Wall-Algorithmus bedingte Delaunay-Triangulierungen berechnen.

5.1.2 Delaunay-Triangulierung von Polygonen

Oben vorgestellte Algorithmen zur Berechnung von bedingten Delaunay-Triangulierungen können für die Triangulierung von Polygonen und Polyedern verwendet werden. Dabei werden die Punkte und die Kanten eines Polygons als Eingabe für einen CDT-Algorithmus gewählt. Ist das Polygon nicht konvex, so entsteht eine Triangulierung mit Dreiecken bzw. Tetraedern, die außerhalb des Polygons liegen. Ein einfacher Algorithmus zur Bestimmung und Beseitigung dieser Dreiecke basiert auf der Plane-Sweep-Methode und auf einem "Punkt-in-Polygon"-Test. Dabei werden die Schwerpunkte sämtlicher Dreiecke auf Enthaltensein im Polygon getestet. Die Plane-Sweep-Methode verbessert die Effizienz des Algorithmus.

Eine weitere Möglichkeit, außerhalb liegende Dreiecke zu bestimmen, wird in [PR93] beschrieben. Der dort beschriebene, Algorithmus ist eine Variante des Gitter-Algorithmus. Dieser stellt bereits während dem Triangulierungsprozeß fest, ob ein gerade gefundenes Dreieck außerhalb oder innerhalb des Polygons liegt. Ein weiterer Algorithmus wird in [Kle95] vorgestellt. Dieser beschränkt die Suche nach Dreiecken auf das Polygoninnere. Ein gefundenes Dreieck teilt das zu triangulierende Polygon in zwei kleinere Polygone auf, die rekursiv trianguliert werden können. Die dreidimensionalen Triangulierungsalgorithmen können auch für die Triangulierung von Polyedern verwendet werden. Allerdings gestaltet sich die Berechnung von dreidimensionalen bedingten Triangulierungen ein wenig schwieriger als im zweidimensionalen Fall. Algorithmen zur Berechnung von bedingten Tetraedrisierungen finden sich in [Haz93].

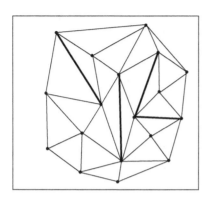

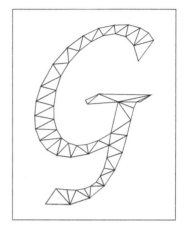

Abbildung 5.2: Eine bedingte Delaunay-Triangulierung

Abbildung 5.3: Delaunay-Triangulierung des Buchstaben G

5.1.3 Algorithmus zum Verfeinern von Netzen

Ein einfacher Verfeinerungsalgorithmus zur Berechnung einer weitgehend regelmäßigen Triangulierung ist der Algorithmus von Chew [Che93]. Bei diesem werden solange Punkte in die Triangulierung eingefügt, bis die maximale Kantenlänge kleiner ist als ein vorgegebener Wert d. Sämtliche Dreiecke mit Kanten [2], die länger als d sind, werden in einer Warteschlange gehalten und bearbeitet. Mit dem Einfügen des Umkreismittelpunktes werden ein solches 'schlechte' Dreieck sowie die Nachbardreiecke durch 'bessere' Dreiecke ersetzt. Auch bei Tetraedrisierungen können auf diese einfache Art und Weise Triangulierungen verfeinert werden. Anwendung findet sich vor allem in der Methode der finite Elemente.

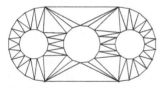

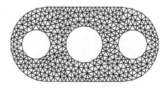

Abbildung 5.4: Aus der Triangulierung im linken Bild entsteht durch Einfügen von zusätzlichen Punkten die Triangulierung im rechten Bild (Algorithmus zum Verfeinern von Netzen nach Chew).

---

[2] Es können auch andere Kriterien gewählt werden, wie z.B. Umkreisradius, Winkel, Fläche, usw.

5.2 Die Methode der Finite Elemente

Die Finite-Elemente-Methode ist eine weitverbreitete Technik, um näherungsweise Probleme zu lösen, die durch partielle Differentialgleichungen (PDE) charakterisiert sind. Beispiele für solche Probleme sind der Wärmeaustausch zwischen Körpern, die Analyse von Schwingungen, die Berechnung von Diffusionen, elektrische und magnetische Felder und viele andere Probleme aus der Physik und der Technik. Die zu lösenden partiellen Differentialgleichungen können in äquivalente Integralgleichungen umgeformt werden. Anschließend wird das Problemgebiet in einfache Teilgebiete, den sogenannten finiten Elementen unterteilt. Bei zweidimensionalen Problemen wird oft eine Zerlegung in Dreiecken oder Vierecken gewählt, bei dreidimensionalen eine Unterteilung in Tetraeder- oder Hexaederelemente. Durch Interpolation der Teillösungen auf den finiten Elementen kann dann die Lösung des Gesamtproblems näherungsweise bestimmt werden. Ganz wichtig hierbei ist es, daß die Größe der finiten Elemente richtig gewählt wird. Je kleiner die finite Elemente gewählt werden, desto genauer wird die Lösung. Andererseits können aber zuviele finite Elemente die Zeit für die Berechnung der Lösung erheblich erhöhen. Bei einer adaptiven Unterteilung werden Gebiete, in denen große Änderungen vorliegen, sehr fein unterteilt, dagegen werden Gebiete, in denen geringe Änderungen existieren, in grobe finite Elemente eingeteilt.

Die in dieser Diplomarbeit vorgestellten Algorithmen sind für die automatische Berechnung von geeigneten Finiten-Element-Netzen von elementarer Bedeutung. Vor allem der inkrementelle Einfüge-Algorithmus ermöglicht das Einfügen weiterer Punkte und somit die Generierung von adaptiv verfeinerten Netzen.

5.3 Modellierung und Visualisierung von Flächen

Auch bei der Modellierung und Visualisierung von parametrisierten Flächen [SH92] [Kle95] können Delaunay-Triangulierungen verwendet werden. Anstatt der Visualisierung einer exakten Fläche wird die Fläche durch ein polygonales Netz approximiert. Bei der adaptiven Diskretisierung wird zuerst ein grobes Netz auf dem Parametergebiet bestimmt, anschließend wird an den Stellen, an denen der Abstand zwischen Näherung und Fläche größer als ein vorgegebener Fehlerwert ist, weitere Punkte in die Triangulierung eingefügt. Mit diesem Algorithmus erhält man gute Approximationen von Netzen, die aus möglichst wenigen Dreiecken bestehen. Zusätzlich kann der Fehler der Approximation vom Benutzer vorgegeben werden. Auch bei den globalen Beleuchtungsverfahren Raytracing und Radiosity können durch adaptiv verfeinerte Netze aufwendige Schnittpunktberechnungen zwischen parametrisierten Flächen und Strahlen auf einfache Schnittberechnungen mit Dreiecken reduziert werden.

5.4   Stereolithographie

Bei der Technik der Stereolithographie werden Plastik-Modelle aus flüssigen photoempfindlichen Polymere mittels eines Laserstrahls gefertigt. Der Laserstrahl zeichnet einen zweidimensionalen Schnitt des Randes der zu fertigenden dreidimensionalen Form. Nach Festigen einer Schicht zeichnet der Laserstrahl darauf die nächste Schicht. Um diese Schichten zu berechnen, wird ein Netzgenerator benötigt, der aus dem zu erzeugenden Objekt ein Oberflächenmodell aus dreieckigen Facetten berechnet und in dünne, ebene Schnitte normal zur z-Achse zerlegt. Auch bei diesem Verfahren ist es wichtig, eine gute Approximation des Netzes zu erreichen, da die Genauigkeit des Plastik-Modells direkt von der Approximationsgenauigkeit des Netzes abhängt.

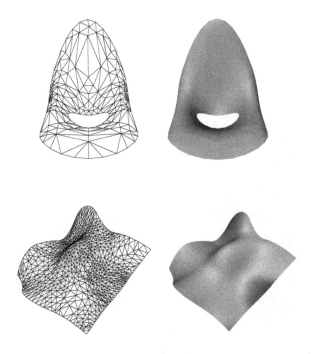

Abbildung 5.5: Approximation von parametrisierten Flächen unter Verwendung der Delaunay-Triangulierung

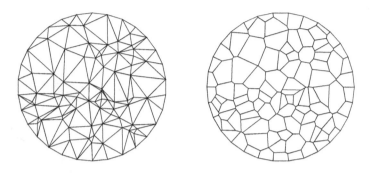

Abbildung 5.6: Delaunay-Triangulierung und Voronoi-Diagramm einer Punktmenge von 100 Punkten.

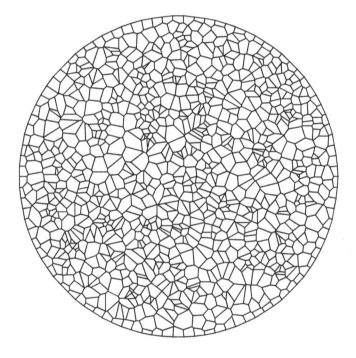

Abbildung 5.7: Voronoi-Diagramm einer Punktmenge von 1000 Punkten

Literaturverzeichnis

[AFKN89] V. Akman, W.R. Franklin, M. Kankanhalli, and C. Narayanaswami. Geometric computing and uniform grid technique. *Computer Aided Design*, 21(7):410–420, 1989.

[Aur91] Franz Aurenhammer. Voronoi diagrams - a survey of a fundamental geometric data structure. *ACM Computing Surveys*, Vol. 23:345–405, 1991.

[BF90] Elisabetta Bruzzone and Leila De Floriani. Two data structures for building tetrahedralizations. *The Visual Computer*, Vol. 6:266–283, 1990.

[BHS80] I. C. Braid, R. C. Hillyard, and I. A. Stroud. Polyhedra in geometric modelling. In K. W. Brodlie, editor, *Mathematical Methods in Computer Graphics and Design*, pages 123–141. Academic Press, London, England, 1980.

[BT86] J.D. Boissonnat and M. Teillaud. An hierarchical representation of objects: the Delaunay tree. *Proceedings 2nd Annual Symposium on Computational Geometry*, pages 260–268, 1986.

[Che93] L.P. Chew. Guaranteed-quality mesh generation for curved surfaces. In *Proceedings of the Ninth Annual ACM Symposium on Computational Geometry*, pages 274–280. ACM, ACM Press, 1993.

[CMPS93] P. Cignoni, C. Montani, R. Perego, and R. Scopigno. Parallel 3D delauney triangulation. In R. J. Hubbold and R. Juan, editors, *Eurographics '93*, pages 129–142, Oxford, UK, 1993. Eurographics, Blackwell Publishers.

[Del32] B.N. Delaunay. Neue Darstellung der geometrischen Kristallographie. *Zeitschrift Krystallographie*, Vol. 84:109–149, 1932.

[Del34] B.N. Delaunay. Sur la sphere vide. *Bull. Acad. Science USSR VII, Class. Sci. Math*, pages 793–800, 1934.

[DSB92] T.K. Dey, K. Sugihara, and C.L. Bajaj. Delaunay triangulations in three dimensions with finite precision arithmetic. *Computer Aided Geometric Design*, Vol. 9:457–470, 1992.

[Dwy89]   R.A. Dwyer. A faster divide and conquer algorithm for constructing
          Delaunay triangulations. *Algorithmica*, 2:137–151, 1989.

[Ede87]   H. Edelsbrunner. *Algorithms in Combinatorial Geometry*. Springer-
          Verlag, New York, 1987.

[EM90]   Herbert Edelsbrunner and Ernst Peter Mücke. Simulation of simplicity:
          a technique to cope with degenerate cases in geometric algorithms. *ACM
          Transactions on Graphics*, 9(1):66–104, January 1990.

[For87]   Steven Fortune. Sweepline algorithms for Voronoi diagrams. *Algorith-
          mica*, 2:153–174, 1987.

[For91]   Steven Fortune. Numerical stability of algorithms for Delaunay trian-
          gulations and Voronoi diagrams in two dimensions. Technical report,
          AT&T Bell Laboratories, 1991.

[For92]   Steven Fortune. Voronoi diagrams and Delaunay triangulations. In D. Du
          and F. Hwang, editors, *Computing in Euclidean Geometry*, pages 193–
          233. World Scientific Publishers, 1992.

[FP88]   Leila De Floriani and Enrico Puppo. Constrained Delaunay triangulation
          for multiresolution surface description. In CS Press, editor, *Proceedings
          9th IEEE International Conference on Pattern Recognition*, pages 566–
          569, Los Alamitos, California, 1988.

[FP92]   Tsung-Pao Fang and Les A. Piegl. Algorithm for Delaunay triangulation
          and convex hull computation using a sparse matrix. *Computer Aided
          Design*, Vol. 24(8):425–436, 1992.

[FP93]   Tsung-Pao Fang and Les A. Piegl. Delaunay triangulation using a uni-
          form grid. *IEEE Computer Graphics and Applications*, pages 36–47,
          1993.

[GKS92]   L.J. Guibas, D.E. Knuth, and M. Sharir. Randomized incremental con-
          struction of Delaunay and Voronoi diagrams. *Algorithmica*, 7:381–413,
          1992.

[GS85]   L.J. Guibas and J. Stolfi. Primitives for the manipulation of general sub-
          divisions and the computation of Voronoi diagrams. *ACM Transactions
          on Graphics*, Vol. 4:74–123, 1985.

[Haz93]   C. Hazlewood. Approximating constrained tetrahedrizations. *Computer
          Aided Geometric Design*, 10(1):67–87, February 1993.

[HL89]   K. Ho-Le. Finite element mesh generation methods: a review and clas-
          sification. *Computer Aided Design*, 20:27–38, 1989.

[Hof89]   C. Hoffmann. The problems of accuracy and robustness in geometric
          computation. *Computer*, 22:31–41, 1989.

[Kle95]   Reinhard Klein. *Netzgenerierung impliziter und parametrisierter Kurven und Flächen in einem objektorientierten System.* PhD thesis, Wilhelm-Schickard-Institut, Eberhard-Karls-Universität Tübingen, Germany, 1995.

[Law77]   C.L. Lawson. Software for C^1 surface interpolation. In J.R. Rice, editor, *Mathematical Software III*, pages 161–194. Academic Press, 1977.

[Law86]   C. Lawson. Properties of n-dimensional triangulations. *Computer Aided Geometric Design*, 3(4):231–246, 1986.

[LP84]   D.T. Lee and F.P. Preparata. Computational geometry -a survey. *IEEE Transactions on Computers*, Vol. C-33(12):1072–1101, 1984.

[LS80]   D.T. Lee and B.J. Schachter. Two algorithms for constructing Delaunay triangulations. *International Journal of Computer and Information Science*, Vol. 7(3):219–242, 1980.

[Man86]   Martti J. Mantyla. *Introduction to Solid Modeling.* Computer Science Press, Rockville, MD, December 1986.

[McL76]   D.H. McLain. Two dimensional interpolation from random data. *The Computer Journal*, Vol. 19:178–181, 1976.

[O'R93]   J. O'Rourke. *Computational Geometry in C.* Cambridge University Press, USA, 1993.

[PR93]   Les A. Piegl and Arnaud M. Richard. Algorithm and data structure for triangulating multiply connected polygonal domains. *Comput. and Graphics*, Vol. 17(No. 5):563–574, 1993.

[PS85]   F.P. Preparata and M.I. Shamos. *Computational Geometry: an Introduction.* Springer-Verlag, New York, 1985.

[SD95]   Peter Su and Robert L. Scot Drysdale. A comparison of sequential Delaunay triangulation algorithms. *Proceeding Annual 11th ACM Symposium on Computational Geometry*, pages 61–70, 1995.

[Sed90]   R. Sedgewick. *Algorithms in C.* Addison Wesley, 1990.

[SG78]   R. Sibson and P. Green. Computing the dirichlet tesselation in the plane. *The Computer Journal*, 21:168–173, 1978.

[SH75]   M.I. Shamos and D. Hoey. Closest-point problems. *Proceedings 16th Annual Symposium on FOCS*, pages 151–162, 1975.

[SH92]   X. Sheng and B.E. Hirsch. Triangulation of trimmed surfaces in parametric space. *Computer Aided Design*, Vol. 24(No. 8):437–444, 1992.

[Sib73]   R. Sibson. Locally equiangular triangulations. *The Computer Journal*, Vol. 21(No. 3):243–245, 1973.

[Vor07]   G. Voronoi. Nouvelles applications des parametres continus a la theorie
          des formes quadratiques. Premier Memoire: Sur quelques proprietees des
          formes quadratiques positives parfaites. *Journal der Reinen Angewand-
          ten Mathematik*, 133:97–178, 1907.

[Vor08]   G. Voronoi. Nouvelles applications des parametres continus a la theorie
          des formes quadratiques. Deuxieme Memoire: Recherches sur les par-
          alleloedres primitifs. *Journal der Reinen Angewandten Mathematik*,
          134:198–287, 1908.

[Wat81]   D.F. Watson. Computing the n-dimensional Delaunay triangulation with
          application to Voronoi polytopes. *The Computer Journal*, Vol. 24(2):167–
          172, 1981.

Diplom.de

Wissensquellen gewinnbringend nutzen

Qualität, Praxisrelevanz und Aktualität zeichnen unsere Studien aus. Wir bieten Ihnen im Auftrag unserer Autorinnen und Autoren Wirtschaftsstudien und wissenschaftliche Abschlussarbeiten – Dissertationen, Diplomarbeiten, Magisterarbeiten, Staatsexamensarbeiten und Studienarbeiten zum Kauf. Sie wurden an deutschen Universitäten, Fachhochschulen, Akademien oder vergleichbaren Institutionen der Europäischen Union geschrieben. Der Notendurchschnitt liegt bei 1,5.

Wettbewerbsvorteile verschaffen – Vergleichen Sie den Preis unserer Studien mit den Honoraren externer Berater. Um dieses Wissen selbst zusammenzutragen, müssten Sie viel Zeit und Geld aufbringen.

http://www.diplom.de bietet Ihnen unser vollständiges Lieferprogramm mit mehreren tausend Studien im Internet. Neben dem Online-Katalog und der Online-Suchmaschine für Ihre Recherche steht Ihnen auch eine Online-Bestellfunktion zur Verfügung. Inhaltliche Zusammenfassungen und Inhaltsverzeichnisse zu jeder Studie sind im Internet einsehbar.

Individueller Service – Gerne senden wir Ihnen auch unseren Papierkatalog zu. Bitte fordern Sie Ihr individuelles Exemplar bei uns an. Für Fragen, Anregungen und individuelle Anfragen stehen wir Ihnen gerne zur Verfügung. Wir freuen uns auf eine gute Zusammenarbeit.

Ihr Team der Diplomarbeiten Agentur

Diplomica GmbH
Hermannstal 119k
22119 Hamburg

Fon: 040 / 655 99 20
Fax: 040 / 655 99 222

agentur@diplom.de
www.diplom.de

www.ingramcontent.com/pod-product-compliance
Lightning Source LLC
LaVergne TN
LVHW092341060326
832902LV00008B/749